鲍什：舞蹈剧场的创造者
OSHI: WUDAO JUCHANG DE CHUANGZAOZHE

刂：吴晓妮@我思工作室
辑：叶　子
十：何　萌
∶王璐怡

同登记号桂图登字：20-2021-247 号

图书在版编目（CIP）数据

皮娜·鲍什：舞蹈剧场的创造者 /(英) 罗伊德·
门卡著；王虹译.-- 桂林：广西师范大学出版社，
11
（墨涅摩绪）
书名原文：Pina Bausch
SBN 978-7-5598-4291-6

. ①皮… Ⅱ. ①罗… ②王… Ⅲ. ①皮娜·鲍什
-2009)—传记 Ⅳ. ①K835.165.76

中国版本图书馆 CIP 数据核字（2021）第 190162 号

范大学出版社出版发行
桂林市五里店路 9 号　邮政编码：541004 ）
上：http://www.bbtpress.com
八：黄轩庄
新华书店经销
沂新华印刷物流集团有限责任公司印刷
斤高新技术产业开发区新华路　邮政编码：276017 ）
850 mm × 1168 mm　1/32
6.625　　　　　　字数：100 千
年 11 月第 1 版　　2021 年 11 月第 1 次印刷
58.00 元

现印装质量问题，影响阅读，请与出版社发行部门联系调换。

我
思

皮

Pina
Bausc

舞距

（英）罗伊德·克莱门卡 著
Royd Climenhaga

皮娜
PINA B

策
责任编
装帧设
内文制

Pina Ba
Copyri
Author
Taylor
本书原
翻译出
Guang
exclus
authori
reprodu
withou
本书中
区销售
Copies
unauth
本书贴

著作权

克莱
2021

(194

广西
（广
网
出版
全国
山东
（临
开本
印张
2021
定价
如发

广西师范大学出版社
·桂林·

CONTENTS

目　录

《交际场》

操　练

致　谢

　　我要特别感谢皮娜·鲍什，不但因为她的艺术创作，还因为我们每次见面的时候，她表现出的温暖、亲切。为此书收集资料的时候，我多次拜访乌帕塔尔（Wuppertal），乌帕塔尔舞蹈剧场的工作人员为我提供了极大帮助。马蒂斯·施米格尔特、奥利弗·戈洛赫和乌尔苏拉·普罗普协助我获得录像档案使用权，寻找并获得使用鲍什与露特·贝格豪斯访谈资料的许可。感谢剧团成员多米尼克·默西与我恳谈，感谢马克·瓦根巴赫和皮娜·鲍什基金会在鲍什逝世之后为我提供的帮助。

　　我曾经在美国和欧洲各地的几个演出场馆，观看过鲍什作品的现场演出，但是在过去三十多年里，布鲁克林音乐学院（BAM）是我驻足最多的地方，我要感谢他们对鲍什和世界各地创新表演的不懈支持。位于科隆的德国舞蹈档案馆员工，在我访问期间提供了极大的帮助。

　　感谢埃伦·克雷默优雅流畅的翻译。维达·米奇洛对本书"操练"一章提出了极具建设性的意见，在此表示感谢。在劳特里奇（Routledge）出版社，弗兰克·张伯伦在成书过程中提出了可贵的编辑建议，在我克服工作中的困难时，他的耐心和宽容令我感动。感谢塔莉亚·罗杰斯对我这本书感兴趣，并帮忙推荐给表演实践艺术家书系。

多年来，我一直从事鲍什作品研究，撰写这方面的著述，得到了很多支持和帮助。感谢桑德拉·弗雷利看了我有关鲍什的写作，支持我的研究并促使劳特里奇出版社考虑接受我的作品。还要感谢安·博加特的持续支持和鼓励，以及她对我有关鲍什著述的评论。如何去论述鲍什的创作过程，以及如何将我在表演实践中的所得运用到写作中去，这是我在刚开始的时候要设法解决的问题，林恩·布勒姆不但提供了最初的建议，还给了我支持与关爱。在我尝试将自己有关鲍什的想法用合适的形式表达出来时，莱兰·罗洛夫总是激励我不断努力，罗杰·科普兰给了我最初的冲动，让我跟随着对鲍什作品的兴趣一直走下去。

感谢布鲁克斯·希尔和三一大学为这个项目提供差旅和研究资助，同时感谢康涅狄格学院的 RF 约翰逊研究基金。对这两所学校和我现在的家——新学院大学尤金·朗学院的同事和学生表示感谢，尤其要感谢我的学生。在过去几年里，我在课堂、排练场和舞台上，不断完善关于这本书的想法，而我的学生对什么可行，什么不可行，总能清晰地提出他们的看法。

我非常幸运，有爱我、支持我的家庭和朋友，在我追求艺术，使其成为我生命一部分的努力中，他们提供了不可胜数的帮助。最后，凯莉·汉森给我的爱与支持是全方位的：感情、灵感、批评。她、艾拉和米罗给了我一切，我向他们奉上无限感激。

路

引　子

皮娜·鲍什作品《交际场》（*Kantakthof*，1978）的开场很简单：全体演员走向前台。他们一起往前走，每一步都显得胸有成竹，先顶胯后松胯，节奏分明，一直走到舞台边缘，然后转身回到舞台后方，再次向观众走来。接着，演员聚集在一起，愤怒的目光投向观众。随后演员逐个站出来，目视观众，然后转身展现自己的侧面，再转身展现背部。他们或者咧嘴露出牙齿，或者拽起裙子或一条裤腿，露出线条优美的腿。这番表演所产生的舞台效应古怪而令人不安，似乎是一种自我售卖的表现，在提醒我们关注即将出现的求偶仪式中的自我参与，以及剧场本身与演出的密切关系。毕竟，我们是花了钱来观看他们演出的，看演员在后面的三个多小时里如何展示自己的技艺，而他们投向观众的目光，让我们深切地意识到，我们与这个交易过程是脱不开关系的。

这是出自鲍什和她的剧团乌帕塔尔舞蹈剧场早期作品的一个片段，标志着舞蹈界在表现手法上的巨大变革，象征着戏剧界对新前景的迫切呼唤。舞台是参与和展示作品的一种手段，过去从来没有人如此清晰简洁地揭示出舞台在这方面的内在运作，并且利用这个发现产生直接的内心冲击力。这段表演单纯直白，引人深思，让观众意识到，舞台世界是为我们而呈现的，我们在领会其含义的同时，也进入了某种共谋关系。史诗戏剧先驱贝托尔特·布莱希特（Bertolt Brecht，1898—1956）无疑也曾经有效地利用表演技巧产生戏剧意义，在这方面，布莱希特接受了来自舞蹈界的各种影响。在当时的德国舞蹈界，表现主义舞蹈家通过演员的身体来表现自觉的存在感。然而，鲍什这个片段针对每个演员存在的物理维度提出了戏剧性质问，产生了极致的戏剧效果。舞蹈的内在本质被揭示，戏剧被推向新的方向，二者无缝融合，形成一个整体，一种新的艺术形式诞生了。评论家们开始将其称作"tanztheater"或者"舞蹈剧场"。我们不再通过舞蹈动作来讲述一个戏剧故事，或者通过形体动作来表演戏剧人物。这个片段的戏剧性直接出现在演员的躯体之上。

就在这部作品首演一年之前，有人问鲍什是如何挑选剧团的舞蹈演员的，鲍什的回答已成名言："我在乎的不是他们如何动，而是他们为何而动。"（转引自 Schmidt 1984：15—16）这句话成为定义鲍什作品的关键。此后，鲍什的创作不再建立在技巧之上，而是基于演员的情感基础，基于他们最具人性化的特征，尽管所有演员都会将多年的训练和通常令人惊叹的技巧带入作品创作的过程。鲍什的做法背离了基于动作的传统舞蹈形式，这与当时在美国舞蹈界日益形式化的艺术主张，显得格格不入；而德国舞蹈体系正在努力接受表现主义的历史，因此对于伴随这种舞蹈体系成长起来的人来说，这也算不得离经叛道。鲍什作品的内涵是多方面的，有鲍什在美国体验过的，诉诸情感的舞蹈体系的痕迹，结合了德国戏剧传统中挑衅观众的做法，而这种传统可以追溯到

20世纪初的卡巴莱歌舞表演[1]，还有鲍什在20世纪60年代初所经历的，具有粗犷本能特征的纽约实验剧场。

1975年和1976年，在与乌帕塔尔舞蹈剧场合作的最初几部作品里，鲍什就在探索舞台新思路，而意识到自己的方法与众不同，是在20世纪70年代后期。这个时候，她开始创作《交际场》之类的作品。1978年接受约亨·施密特（Jochen Schmidt）采访时，鲍什说道：

> 我们依然不是在做我们真正想做的……我认为所有人都还是有所保留。这也是很自然的，因为我们毕竟期望别人喜欢我们，爱我们。所以我觉得冥冥中总有一些什么抑制着你，你会觉得，已经到了一定的界限，一旦跨越，路在何方就很清楚了。

（Bausch 1978：230）

从鲍什这段话里，我们可以感觉到超越以往的形式，寻找新叙述方式的迫切需求。不过，与传统舞蹈在真正意义上的分道扬镳，可能在几年前就出现了。

当时鲍什正忙于排演《七宗罪》（*The Seven Deadly Sins*，1976）和《不要害怕》（*Don't Be Afraid*，1976），两部舞剧都以布莱希特和经常与他合作的音乐家库尔特·魏尔（Kurt Weill，1900—1950）共同创作的作品为依据。布

---

1 卡巴莱歌舞表演很可能源自19世纪法国酒馆盛行的一种简单的娱乐表演，20世纪初在德国成为受中产阶级以及叛逆的知识群体欢迎的一种娱乐形式，从单纯的歌舞娱乐演变成带有政治色彩的艺术表演。译者注。（本书脚注未作说明则均为译者注。）

莱希特在这些早期作品中尝试演员自我观察的技巧，而这些技巧似乎与鲍什正在形成的艺术风格不谋而合。鲍什说，在排练过程中，"我和剧团之间出了一些毛病。我头一回害怕我的舞蹈演员。他们对作品很是反感，不愿意去理解或者接受。有一次，排练结束的时候，维维恩·纽波特情绪激动地喊起来：'够了！再也受不了了！我讨厌，讨厌这一切！'"（转引自 Finkel 1991：5）。

在这一刻发生了什么？这些舞蹈演员抗拒的是什么？他们的反应如何促使舞蹈和戏剧观念向新的方向发展？要回答这些问题，我们需要对鲍什置身其中并且即将要颠覆的领域及其来龙去脉有所了解。在本书这一部分，我将根据鲍什艺术创作的发展，探讨变革的过程，从激发舞蹈与戏剧变革的各种因素中，追溯它们对鲍什创作产生的种种影响，正是这些因素为将要出现的开创性作品定下了基调。最后，我将关注鲍什在表演界的影响，并回顾新一代艺术家在挑战表演实践界限的时候，如何受到鲍什艺术创作的影响。[1]

---

1 译者按：a. 原著里有些用词泛泛、含义不甚明了之处，译者会在查看相关资料的基础上将这些用词具体化，有时也会将一些必要的说明添加入正文，避免过多注释。b. 作者经常用代词和近似无主句的句型，译者在翻译时也会添加一些成分，保证中文的文理通顺和意义完整。c. 作者惯用不断扩充的句型，其中如有同义反复且很难整理成为通顺的中文句子的，译者会在不影响大意的前提下删除个别修饰成分。

成为皮娜·鲍什

皮娜·鲍什 1940 年出生于德国北部的索林根市，2009 年与世长辞，离她被确诊癌症仅有几周的时间。在排练的时候，皮娜·鲍什似乎在排练厅里飘然而过，脸上经常带着热切认真的表情。在仔细掂量一个想法的时候，她也会突然露出灿烂的笑容，然后字斟句酌地缓缓道来，谦逊和蔼，不露锋芒。鲍什有强烈的好奇心，无论在任何情况下，她都会仔细观察，寻找最有价值的东西。让她停下来认真思考的，往往是细微的人际关系：一些微不足道的小事，能让她更好地感受与之交往的人。她对人所表现出来的丰富个性有强烈的兴趣，正是这种兴趣不断丰富着她的人际交往和艺术创作。

鲍什在父母的咖啡馆里长大，经常在桌子底下玩耍，观察咖啡馆客人在她眼前展示出的各种社会关系，偶尔还能觉察到他们之间无言的激情。鲍什小时候就接受过芭蕾舞基础训练，1955 年她进入位于埃森的富克旺艺术学校，师从欧洲现代舞奠基人之一库尔特·尤斯（Kurt Jooss，1901—1979）。曾经在 20 世纪 20 年代积极促进表现主义舞蹈快速发展的尤斯，将当初的活力带进了富克旺艺术学校，他所付出的努力，为二战之后德国现代舞的实践与探索，提供了为数不多的场所之一。这里是鲍什艺术创作的第一个立足之地，也是舞蹈剧场成长的第一个根据地。

德国表现主义舞蹈：拉班、魏格曼[1]和尤斯

鲁道夫·拉班（Rudolf Laban，1879—1958）通常被认为是德国现代舞的先驱。尽管玛丽·魏格曼（Mary Wigman，1886—1973）与库尔特·尤斯有很大的影响力，但是他们的艺术也源自拉班的独创性。拉班的兴趣所在是舞蹈的决定性因素：人体动作的流畅与节奏，尤其是这些基本要素如何与舞者的心灵相接。

玛丽·魏格曼是拉班的主要合作者，对他的研究有很大贡献。魏格曼的兴趣总是倾向于如何在更加个体的层面进入舞蹈世界，而拉班则追求新的概括性原理。离开拉班剧团，建立自己的剧团之后，魏格曼致力于追求个人表现，制定舞蹈创作的策略，使舞蹈动作能直接唤起情感，而不是从外部指向情感。

如她所言：

> 我的目的不是"解读"情感……我的舞蹈产生于特定的生存状态，不同的活力状态，这些状态从我内心释放出情感的变化与宣泄，而这些状态本身也决定了舞蹈的独特氛围。就这样，我在基本情感的坚实基础上，慢慢建立起舞蹈的每一

---

1 Wigman 标准人名翻译为"维格曼"，参照中国舞蹈界通用译法，作"魏格曼"。本书中译本中的有些人名翻译，如果与标准翻译有异，即为参照通用译法，不再另作说明。

个组成部分。

（Wigman 1975：86）

1926 年，库尔特·尤斯刚刚离开拉班剧团，他受邀为埃森的一所新学校创建舞蹈课程。这所后来包含舞蹈、音乐和戏剧的学校，被命名为富克旺艺术学校，于 1927 年开始招生，尤斯是当时的舞蹈部主任。他开设的舞蹈课程以拉班理论为依据，根据客观表现体系中已经建立的基础，确定单个舞蹈动作的标准，同时他也在芭蕾舞的宏大结构与现代舞的自由表现之间寻求某种平衡。1932 年，为了回应自己目睹的文化现状，尤斯创作了影响深刻的作品《绿桌》（*The Green Table*），试图通过这部反战的芭蕾／舞蹈-剧场作品，将两种艺术形式融合在一起。

* * *

尤斯在富克旺艺术学校的教学方法，源自他早期与鲁道夫·拉班一起工作的经历。与动作技术的追求相反，拉班力图发现形体存在感在群体中会有什么样的表现潜力。玛丽·魏格曼反感古典芭蕾舞的华丽外表，也不完全赞同拉班在动作合唱队（movement choirs）方面的小组实验，她转而关注"生活化"动作，希望借此形成一种可以表达个人体验的工作方法。她通过"富有表现力的手势"强调个性化表达，这些手势能够再现"日常生活"动作，经过编导和程式化之后，动作原来的意图得到了情境重构和强化。从专注已经定型的传统古典外观，转向对内心深处的探究，随之而来的是从群体体验向个体体验的转移。改变表现的方位，是尤斯在富克旺艺术学校不遗余力的追求，也是鲍什创作和舞蹈剧场萌芽的种子。

早年在美国

从富克旺艺术学校毕业之后，鲍什赴纽约，进入茱莉亚学院学习。鲍什在这里熟悉了美国现代舞两位奠基者的技术：玛莎·格雷厄姆（Martha Graham，1894—1991）和何塞·利蒙（José Limón，1908—1972）。在一起工作的时候，她还受到保罗·萨纳萨尔多（Paul Sanasardo）的影响，他是极具表现力的编舞家安娜·索科洛（Anna Sokolow，1910—2000）的追随者。不过，在这个阶段对鲍什影响最深刻的，可能是安东尼·图德（Antony Tudor，1908—1987）。图德是鲍什在茱莉亚学院的导师之一，在1961—1962演出季，鲍什参与了大都会芭蕾舞剧团的演出，当时图德是剧团的导演。图德的风格具有强烈的心理色彩，侧重通过情感手势塑造人物。图德风格肯定让鲍什想起了以前体验过的德国舞蹈传统中的情感手势，并让她对此产生了新的认识。

尽管鲍什能够相对轻易地跨过芭蕾舞与现代舞之间的界限，但在当时的美国，两者通常是不搭界的。在现代舞界，也有相互抵触的舞蹈美学。当时格雷厄姆是当仁不让的舞蹈女王，她的舞蹈技术以人体重心下移为基础，后来成为多数美国现代舞流派的技术基础。

美国现代舞

美国现代舞的奠基人物很多都曾经在20世纪20和30

年代一起工作过。玛莎·格雷厄姆，还有另外一位美国现代舞的创新者多丽丝·汉弗莱（Doris Humphrey，1895—1958），都曾经加入丹尼肖恩舞团，在露丝·圣丹尼斯（Ruth St. Denis，1879—1968）和特德·肖恩（Ted Shawn，1891—1972）具有开创性的作品中担任角色。格雷厄姆和汉弗莱后来相继离开丹尼肖恩舞团，开创自己的舞蹈风格，在"二战"之前产生过重要影响。虽然她们的作品强调宏大的故事结构，但是两位编舞家都在寻求各种途径，超越对作品表面化的阐释，努力追求更具隐喻意义的表现手法。

"二战"前后，多元化的美国现代舞界出现了另外一种很有影响的舞蹈风格——偏重情感表现的风格，来自欧洲的活力至少在一定程度上促成了这种风格的形成。在这个时期，魏格曼的巡回演出颇具冲击力，为韩亚·霍尔姆（Hanya Holm，1893—1992）在纽约成立魏格曼舞校奠定了基础。特别是在"二战"之后，何塞·利蒙与安娜·索科洛也提供了建立动作标准的新方法。利蒙曾加入过汉弗莱舞团，索科洛则曾是格雷厄姆舞团的一员。这两位舞蹈家在创作中都脱离了格雷厄姆、汉弗莱的神话主题基调，侧重建立在情感体系之上的，能够引起情感共鸣的动作形式。《房间》（Rooms，1955）是索科洛最重要的作品，她在作品中引入生活化动作，通过对这些动作的升华与程式化，揭示不同的心理状态。这部作品的创作基础是她和演员共同参与的工作坊，工作坊设在演员工作室[1]，以唤起情感共鸣的训练风格而知名。她向演

---

[1] 演员工作室（Actor's Studio）1947年在纽约成立，创始人为伊莱亚·卡赞、谢丽尔·克劳福德和罗伯特·路易斯，为戏剧艺术家提供研究新的训练方法和表演形式的场所。后来成为职业演员培训机构，曾经对美国戏剧和电影产生相当大的影响。

员提出各种可以揭示内心状态的问题，然后以此为基础进行编舞。比如说，"感觉离某个不在场的人很近，这是一种什么感受？"（转引自 Warren 1991：119）。

格雷厄姆舞团的另一位舞蹈演员梅尔塞·坎宁汉（Merce Cunningham，1919—2009）也脱离了 20 世纪 30 年代偏重原始神秘风格的舞蹈。50 年代末、60 年代初，格雷厄姆的作品已经日趋抽象，而坎宁汉在这个时期的早期作品，终将为后来的后现代反幻景舞蹈开辟道路。坎宁汉游走于各种艺术的边缘，尤其是他与实验作曲家约翰·凯奇（John Cage，1912—1992）的合作，将作品纯粹建立在表达要素之上，为舞台表演提供了新思路。他们在创作中运用机缘偶遇和不确定因素，后来又与视觉艺术家罗伯特·劳申伯格（Robert Rauschenberg，1925—2008）一起合作，产生了颇具影响力的作品，在一定程度上造就了整个 60 年代纽约表演实验的繁荣局面。

* * *

1961 年鲍什到了美国之后，不但接触到图德和格雷厄姆风格的作品，还有机会亲历美国现代舞重现辉煌的拐点。美国现代舞呈现出新的活力，逐渐摆脱 30 年代的现代舞中坚人物所倡导的原始神秘风格的影响，转而接受来自另一个极端的新活力、新路径，产生了更加开放、更加抽象的作品。在表演实践和戏剧方面，新概念如雨后春笋般涌出，鲍什置身于这种新局面，即便没有亲身体验，也会受到感染。另一方面，视觉艺术家们在行为艺术中对偶发艺术[1]进行实验，他们经常与舞蹈演员合作，这些演员的形式练习，成为后现代舞运动的奠基石。

对美国舞蹈艺术界所发生的这一切，我们并不清楚鲍什确切知晓多少，也不知道对她有没有明显的影响，不过，置身于表演实践大变革中，她不可能感受不到变革的精神。当时，美国激进演剧团体"生活剧团"挑战传统戏剧艺术，对演出实践进行重新构想。鲍什曾经告诉别人，她看过一次生活剧团的演出。在那个年代，后现代舞崭露头角，实验戏剧方兴未艾，由此而形成各种新生力量，他们所采取的策略无不将人们的注意力引向表演行为。在日常生活中，我们可能会觉得受到各种规范体系的制约，实验艺术在试图突破这些制约的同时，揭示了表演纯本能的意图：在观众面前公开展示自己。这些实验坦诚直白，而且往往带有公开的挑衅性。鲍什在纽约的时候，身处各种激进思想形成的时刻，这应该至少会开启她心中潜在的艺术追求吧。她后来也会运用同样的揭示内心存在感的技巧，以获取精确细致的演出效果。然而，还没来得及对美国现代舞和实验戏剧快速变化的格局进行全面了解，鲍什便被召回德国了。

德国的新气象

1962 年，鲍什回到德国，带回了她在舞剧技术和实验性

---

1 偶发艺术（Happening）盛行于 20 世纪 60 年代，是在拼贴艺术和环境艺术基础上形成的一种新的艺术形态，注重艺术创作活动的随机性，采用即兴创作的方法，以自发的戏剧性事件为表现形式。

表现手法方面的经验。尤斯邀请她在富克旺芭蕾舞团担任首席独舞演员。在尤斯任编导时期，她在富克旺芭蕾舞团的演出高深莫测、扣人心弦。赫斯特·克格勒（Hörst Koegler）回忆道：

> 鲍什的天性使她从舞蹈演员中脱颖而出，没有特别的努力，也无须别出心裁。她让人想起凯绥·珂勒惠支[1]画中的女性，她们承担着世世代代的重负，被剥削被利用，不是因为自身有什么错，而仅仅是因为在男性占统治地位的社会里，她们不幸身为女性。

> （Koegler 1979：51）

二战之后，德国在经济重建方面得到了支持，新成立的政府积极投资有固定保留节目的艺术规划，向所有城市提供资助，创建各类艺术中心，包括戏剧、歌剧、交响乐、美术和芭蕾舞等。这个体制固然保证了各种类型的艺术规划在德国遍地开花，但是也有相对侧重传统的倾向。芭蕾舞更受青睐，现代舞则通常被忽视。德国舞蹈处在十字路口，传统芭蕾舞与带有实验性的现代舞运动分道扬镳，前者根基深厚，地位稳固，后者则是如日中天的后起之秀。尤斯剧团将芭蕾舞体系与现代舞技术相结合，这在当时并不多见。而富克旺艺术学校依然为学生提供既全面又与时俱进的舞蹈训练。富克旺芭蕾舞团为现代舞演员提供了机会，让他们一方面得以

---

[1] 凯绥·珂勒惠支（Käthe Kollwitz, 1867—1945），德国表现主义的版画家、雕塑家，作品着力表现德国工农群众的苦难生活和斗争。她的作品经鲁迅先生介绍，在中国有深远的影响。

坚持自己的兴趣爱好，另一方面能够在保留剧目体制里开展工作。

导师库尔特·尤斯于 1968 年退休之后，鲍什开始担任编导，创作她最初的新作品。鲍什原来就是尤斯领导下的富克旺芭蕾舞团的首席舞蹈演员，现在她接替了尤斯在富克旺舞蹈工作室的位置，开始研究如何将舞蹈和戏剧技巧结合在一起。此前六年间，鲍什与尤斯紧密合作，已经开始尝试新的编舞艺术。不过，鲍什表示，她之所以很早就涉足舞蹈编排，与其说是出于有一定追求的创新欲望，还不如说是出于单纯的舞蹈需要。尽管早期新作品的结构不是开放性的，但是让人耳目一新的是鲍什感情丰富的见解。早期编舞中所探索的主题，性别构建和两性对立，为她艺术成熟期的作品定下了基调。

此时，在鲍什所身处的舞蹈界，占主导地位的是相互平行的两种影响力：芭蕾舞界的乔治·巴兰钦（George Balanchine，1904—1983）与现代舞界的梅尔塞·坎宁汉。巴兰钦脱离了古典芭蕾舞剧的故事结构，转而依靠标准技术的力量，对形式要素进行戏剧性并列，将芭蕾舞带入抽象的极致。坎宁汉同样关注形式标准，他汲取来自后现代舞运动的简约精神，带头脱离神话主题和诉诸情感的意境，开发了纯粹为动作而舞的潜能。

当时在芭蕾舞和后现代舞中发挥作用的，无疑还有其他各种流派，但是巴兰钦和坎宁汉在美国和欧洲举足轻重，是不可忽视的存在。尤其是在德国，经过第二次世界大战，物质和文化遭到破坏，德国艺术的基础设施仍处于恢复阶段。鲍什的早期编舞创作也接受了巴兰钦和坎宁汉的影响，但是更加倚重德国前辈诉诸情感的艺术创作。

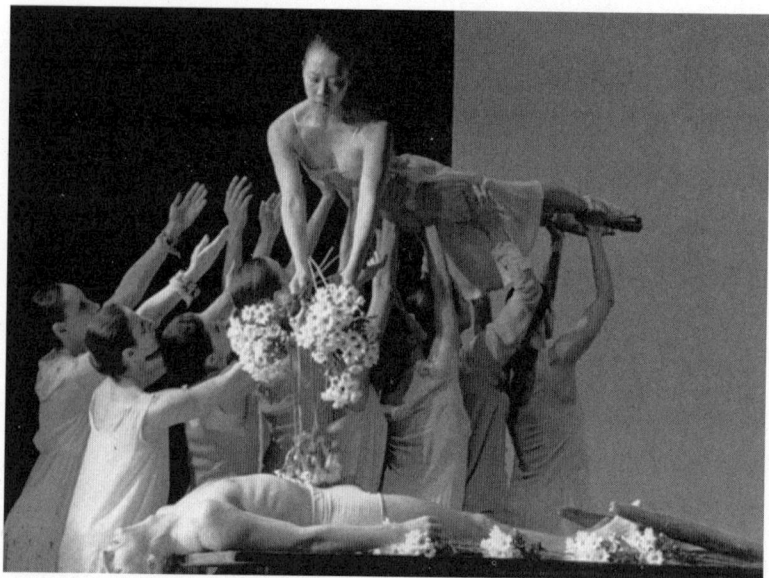

图 1.1　《伊菲姬尼在陶里斯》（1974），贝蒂娜·施特贝摄

1972年，乌帕塔尔歌剧团在制作瓦格纳歌剧《唐豪瑟》的时候，邀请鲍什做剧中舞蹈的编舞。鲍什打破常规的演出布局获得成功，她因此而受邀担任乌帕塔尔芭蕾舞团的编导。她接受了邀请，前提条件是可以带上在埃森富克旺工作室与她共事的舞蹈演员。

1973年，鲍什开始在重新命名的乌帕塔尔舞蹈剧场工作，当时她的编舞作品有固定的预设结构。《伊菲姬尼在陶里斯》（*Iphigenia on Tauris*，1974）和《奥菲欧与欧律狄刻》（*Orpheus and Eurydice*，1975）是根据克里斯托夫·威利巴尔德·格鲁克（Christoph Willibald Gluck，1714—1787）的两部同名歌剧创作的，《春之祭》（*Rite of Spring*，1975）则是以伊戈尔·斯特拉文斯基（1882—1971）作于1913年的前卫名作为依据。但是，在改编过程中，鲍什没有亦步亦趋地沿袭歌剧或者芭蕾舞剧原作的叙事模式，而是利用原作故事发展的基本状况，将其作为自己作品的主导隐喻，在这个基础上产生动作和形体姿态。她不是采取比较传统的线性手法进行叙事，而是采用拼贴手法，以理念为中心，形成原作故事情节的多层面视角，重塑每个故事的意境和氛围。借鉴自己和其他舞蹈演员的个人经历，鲍什创作出由情感手势构成的表演动作形式，这个形式源自对故事形式结构的回应，而不是服务于故事的形式结构。

鲍什通过当前的体验对故事作出解读。就像她在年刊《芭蕾舞·1986》（*Ballet 1986*）上所说："我只知道，我们所处的时代以及这个时代所有的焦虑，都与我同在，而这就是我作品的源泉。"（转引自"皮娜·鲍什"1986：5）以《春之祭》为例，斯特拉文斯基原作的根源是非基督教生育献祭仪式，鲍什的作品回到原作的献祭仪式，但剧情的视角是可能成为受害者的惊恐万状的年轻女性，这使演出带有一定程度的怜悯之情，这是《春之祭》其他版本所没有的。鲍什充分意识到女性在当代社会的困境，她为作品所选择的意象，反映了她对这方面的关注。换言之，选中一位女性作为男性权力与控制的牺牲品，这其中的隐喻，鲍什是心领神会的。然而，她将关注点具体地集中在情节的动机冲动，从而扩展了隐喻意象的内涵，并且因此跳出了说教的窠臼。

鲍什将这部芭蕾舞剧精简到一个最基本的形象，然后将注意力集中在这个具有激发作用的形象，开发其深度和力度。鲍什如是说：

> 对于我来说，最重要的是理解斯特拉文斯基的意图。就《春之祭》而言，一切尽在作品中，无须任何添加。有一位年轻姑娘，是入选的那一位。这姑娘独自一人，翩然起舞，直至生命的终结。
>
> （转引自 Finkel 1991：5）

此后，鲍什会不断运用这个技术，专注于一个基本形象或者手势，不断挖掘，直至揭示其深层次的各种关联和在文化想象中的地位。创作的初步设想不断深化，最后连支撑这个设想的结构框架都承载了隐喻意义，而这个框架就是作品最基本的原动力。

这些早期作品对原作故事里的某个中心思想进行延伸性的探索，不但触及舞台上发生的一切，也包括舞台本身，对在作品中发挥作用的基本思想或者形象进行深入开发。《春之祭》的舞台上覆盖着泥炭土，舞剧开始时被轻轻踢动的泥土，最终沾满了舞者汗湿的躯体，白色的舞裙也明显地染上

图 1.2 《春之祭》（1975），贝蒂娜·施特贝摄

斑斓的泥色，直至舞台上的一切都变成暗褐色。通过这个视觉化、动作化的隐喻，"失去纯真"这个主题简单而又戏剧化地在舞剧里逐渐得到清晰展示。

为了表现一部作品占主导地位的隐喻，可以采取一切必要的方法，无论是以动作为基础的、意象化的还是戏剧化的，都可以利用任何现有的形式与技术。在这部早期作品里，鲍什开始认识到，她所面临的难题不是编舞，而是在排练过程中，演员们如何阐释对某部歌剧或者芭蕾舞剧的体验，然后将这种体验在一定的审美体系里表现出来，而这个体系又是伴随表达的需求而形成的。

然而，鲍什早期作品的目标，依然是找到能够唤起和表达作品情感的动作形式，在这方面，她并没有超越比较传统的、以动作为依据的舞蹈概念。她所编导的动作从根本上汲取了早期表现主义舞蹈形成的基本情感手势，但是，她并没有将其作为固定技术加以采用，而是接受了表现主义舞蹈的创作之源。鲍什回归到日常行为，她的做法不是对日常行为进行开发，形成动作形式然后脱离行为主体，使动作形式成为固定的表现形式，而是在演出中保持这些个性化的姿态，因为这些日常行为表现了我们作为个体的感觉。以《春之祭》为例，被选作祭品的处女在最后一段舞里，绝望地表达了这位女性备受煎熬的恐惧，但是这种恐惧不是通过形体动作直接表现出来的。舞者以剧烈的动作投入令人筋疲力尽的献祭仪式，手势动作结构开始失控之时，也是暴露内心恐惧之际。

在这个阶段，鲍什创作了令人瞩目的作品，这是毫无疑问的。但是，她并没有冒险超越为多数人所接受的舞蹈界限。她的舞蹈非常戏剧化，能够唤起观众的情感共鸣，并且通过隐喻和舞台布景来拓展人物刻画与情感表现。但是，作品的重要驱动力，依然直接建立在舞蹈动作之上，尽管对动作处理的角度与当时其他人的舞蹈相去甚远。

然而，新生事物正在酝酿之中。过去，舞蹈演员所习惯的角色是超脱个人感情色彩的舞动者，鲍什则要求突破这种局限，更多地将他们的个体生命体验带入舞蹈素材与表达方式。随着鲍什作品的创作依据从芭蕾舞故事转向布莱希特作品与魏尔作品，在《七宗罪》和《不要害怕》中，鲍什更是不断要求演员将自己置身于几乎难以企及的情感境况中。此时，鲍什开始揭示舞蹈过程最核心的问题：动作起点的动机冲动，而冲动始终来自处于具体环境的个人。

跟《春之祭》一样，在《不要害怕》里，一位女子被选中成为受害者，她不断躲避一面唱着甜蜜的歌，一面追赶她的男子。随着剧情发展，我们明白了，男子试图以歌声缓和将要发生的强奸。女演员在舞台上被粗暴地推搡，不断受困于她想奋力摆脱的各种位置。形体动作是具体的，但是舞蹈的表现力来自舞者的现场投入，以及特定的情感介入，而不是他们完成动作的能力。演员在排练中发掘自身体验，并以形体和戏剧的形式加以呈现，在这个过程中形成舞蹈片段，而上演的作品逐渐变成由这些舞段编排而成。作品结构依然建立在舞蹈的基础上，但是已经开始运用戏剧演出的手法加以表达，舞者除了展示形体外开[1]的角度之外，还被容许展示个性的开放。

在这个时期之后不久，梅里尔·坦卡德（Meryl Tankard）到舞团进行试演，忆及自己对试演中提问模式的反应时，她说：

---

1 外开，芭蕾舞术语，也称髋部关节外转，即两腿外开，脚跟并拢，两腿形成直线的姿势。

这是第一次有编导鼓励我将自己的个性展现在舞台上，这个经历为我打开了一片新天地。其实，我并不反对穿着芭蕾舞鞋和短裙，扮作仙女一样的姑娘，但是这样一来，所有经典剧目突然都成了博物馆里的展品似的。

（转引自 Galloway 1984：41）

正是鲍什作品所揭示的，源自并通过舞者身体得以展现的主观体验，奠定了舞蹈剧场的基础，使之与一般意义上的舞蹈分道扬镳。同时，对主观体验的揭示，也导致了一开始所提到的危机，她的一些舞蹈演员因此而产生抵触情绪。鲍什触及了舞蹈演员自我认知的支柱，进入了一个全新的领域。

将舞蹈形式与内容紧密结合，这在德国并不是新生事物，20世纪60年代后期的学生运动也使许多艺术家带上了政治色彩。舞蹈家们感觉有必要突破传统舞蹈体系的局限性，努力建立与当今文化更加紧密的关联。在这样的环境里，新一代青年编舞家成长起来，许多都与富克旺艺术学校有关系。他们重新强调表现主义舞蹈的一些戏剧和表现主义倾向。这些编舞家有德国传统舞蹈的背景，很多还有在美国的经历，基于这两方面的影响，他们开始寻找新的途径，探讨他们生活经历中的历史与社会价值，重新强调个人经历在政治领域的重要性。约翰内斯·克雷斯尼克（Johannes Kresnik，1939—）是保留剧目体制里的改革者，先是在不来梅芭蕾舞团任团长，后来做过海德堡芭蕾舞团的编导。他的创作对芭蕾舞不食人间烟火的传统世界观提出挑战，为青年编舞家探索如何从个人角度介入社会问题提供了新的可能。克雷斯尼克的创作经历表明，我们有可能在保留剧目的框架内，对舞蹈的基本范畴进行重新构想，而舞蹈剧场的新美学框架正是建立在这个认识的基础之上。

在此阶段，鲍什的编舞开始探索表达的本质所在，在这个过程中突破了舞步串联的编舞形式，这种形式由巴兰钦提出，经坎宁汉响应，其后整个舞蹈界趋之若鹜。鲍什编舞的起点不是形式上的考虑，不是在既定技术思想的支配下，编排形体动作，而是从舞蹈演员的个体表现出发，演员在以各种演出方式实现主题再现时，始终保持个人视角。鲍什在编舞中所采取的基本要素，与当时美国后现代舞蹈家所探讨过的要素相差无几，包括拼贴技术、日常生活动作、重复和对其他媒体的借鉴等，但是对作为行动主体的舞者，她始终保持着浓厚兴趣，并因此形成一种新的舞蹈形式，通过身体语言表达人生体验，而不仅仅是形成一种新技术，把舞者身体当作艺术素材去编排。

一方面是上述舞蹈形式的实践，另一方面是对主观因素的关注，舞蹈剧场产生于这两者交汇之处，试图在这个交汇点上，为作为独立主体的人，开辟一个表情达意的舞台。舞蹈剧场带给观众的到底是不是舞蹈，当舞蹈评论家还在争论这个问题的时候，戏剧评论家已经敏锐地指出，舞蹈剧场与戏剧历史，与实验戏剧艺术家的思想之间有着密切关联，这些艺术家从俄国的弗谢沃洛德·迈尔霍尔德（Vsevolod Meyerhold，1874—1940？）、德国的贝托尔特·布莱希特，到波兰的耶日·格洛托夫斯基（Jerzy Grotowski，1933—1999）和法国的安托南·阿尔托（Artonin Artand，1896—1948）。而鲍什所做的只是根据自己从事舞蹈的背景，采用她最熟悉的构建方法，然后通过戏剧手段对这些方法加以扩

图 1.3 《蓝胡子》（1977），贝蒂娜·施特贝摄

展。这样做的同时，她利用最适合自己目标的方法与技术，避开戏剧中的传统叙事，集中表现作为主体的人，在演出中以一个特定的主题或者故事为核心，通过编舞使意象化的舞段形成相互交织的表现场。

《蓝胡子》（1977）分裂的一致性

鲍什并没有提出从剧场角度重塑舞蹈的具体方案，但是她已经开始从根本上动摇舞蹈的基本概念，即舞蹈在本质上是由动作形式相互连接而成的，能够产生感情共鸣的整体。因此而引起的担忧不仅仅局限于她舞团的几个演员。《春之祭》等作品赢得了评论家们一片好评，但是对乌帕塔尔比较守旧的观众而言，他们只能说是勉强接受了这些作品。20 世纪 70 年代中期，鲍什上演根据布莱希特与魏尔作品改编的舞剧，此时，公众还没有准备好去接受这些新的表现形式。加上排练场上风波不断，鲍什说她已经准备放弃舞蹈了："首演之后，我有严重的危机感。我想放弃，再也不做了。我决定再也不踏进剧场了。"（转引自 Finkel 1991：5）

扬·米纳里克（Jan Minarik）1973 年加入舞团，其后三十多年一直活跃在舞台上，后来做了舞团顾问。是他说服鲍什重新返回排练场，继续探索这种新的舞蹈风格。在他自己的舞蹈工作室，他召集了为数不多的几个演员，开始实验各种表演策略。他们的收获是《蓝胡子：听贝拉·巴托克歌剧〈蓝胡子公爵的城堡〉录音带所得》（*Bluebeard*，1977）。节目单上压根没有提到舞蹈，列出来的只是场景，在这些场景里，孤独残暴的蓝胡子（扬·米纳里克饰）用放在滚动支座上的录音机重复播放歌剧里的音乐，表演其中的情节。音乐本身也承担了剧中人的角色，一边随着滚动支架在舞台上来回转动，一边与其他剧中人互动，就好像男人蓝胡子和歌剧蓝胡子粗暴地携手合作，对抗被困在舞台上的其他剧中人。作品最终版本的呈现方式，是将不同的艺术形式融合在一起，结合歌剧、舞蹈和形体化戏剧，形成一种具有概括性的，表达内心冲动的审美观。这部作品标志着鲍什的艺术风格进入成熟阶段，并进一步发展了有助于定义舞蹈剧场的艺术形式。

《蓝胡子》的创作瓦解了舞蹈过去所立足的基础，动作被去中心化，不再是具有表现潜力的主要手段。形体在作品中被运用到极致，但是形体动作现在服务于揭露人物内心世界与人物关系。作品组合舞蹈和戏剧能量，产生的瞬间效应使我们超越舞蹈动作本身，进入表象下赤裸裸的情感。剧中有一个场面令人不寒而栗。蓝胡子坐在小桌子／录音机支架旁，通过一再播放歌剧片段，不断再现故事中激烈的争斗。现任妻子（首演时由马利斯·阿尔特扮演）最终发现了隐藏在蓝胡子公爵城堡里的残酷真相，这时她隐藏在他的脚下。我们看到一只手伸出来，顺着蓝胡子的身体向上延伸，抚摸他的脸颊。蓝胡子把手放在她头顶上，使劲把她摁倒在脚下。手再次出现，而他再一次将她摁下去。一次又一次，动作越来越快，手沿着蓝胡子的身体伸到他的脸颊，徒劳地试图施予柔情，寻求安慰，但每一次都遭到粗暴的断然拒绝。整套动作虽然准确无误地重复，但是速度不断加快，以至于我们开始为演员的人身安全感到担忧。然后，动作静止了一会儿，我们刚刚松一口气，又看到那只手再次缓缓地顺着蓝胡子的身体向他的脸颊挪动。

这套动作的设计十分精确，是情感手势模式的高度提炼，但是现场效果并不完全出自动作的质量，而是来自演出的意境，既有现场感，也有剧场里纯粹的本能表现。我们对舞台形象的脆弱感同身受，部分原因是我们觉得女演员在某种程度上身处险境（尽管这套动作在排练过程中经过精心打造，将实际上的危险降到了最低限度）。我们能够通过演员舞台存在的即时性，通过我们此时此刻与女演员的感同身受，洞察人物之间痛苦的关系，感受他们所感到的相互依存和绝望。这段表演非常具体化，展示了人物以及故事的内在维度，也让我们跨越蓝胡子故事本身，进入普遍意义上两性关系的隐喻关联。将这段以及相类似的舞段进行编排，或者说进行编舞，从而形成一个有凝聚力的结构，持续引发这个深层隐喻，这就是鲍什在这部作品里所取得的成就。

新方法—新标签：舞蹈剧场

"舞蹈剧场"这个术语可能是鲁道夫·拉班在20世纪初率先使用的，用以描写他当时的合唱舞蹈仪式（Partsch-Bergsohn 1987：37）。首先始终如一地正式使用这个术语的，则是库尔特·尤斯。尤斯创作了具有开拓意义的反战芭蕾/话剧《绿桌子》等作品，而当时德国芭蕾舞的表现形式依然受控于传统美学，以叙事芭蕾为主，尤斯在寻找一个能够将两者区分开来的新术语（Manning 1993：246）。1972年，格哈德·博纳（Gerhard Bohner，1936—1992）担任达姆斯塔特剧院芭蕾舞编导时，首次将自己的舞团称为"达姆斯塔特舞蹈剧场"。评论家约亨·施密特指出，博纳此举很可能是效仿同时期颇具盛名的"荷兰舞蹈剧场"[1]。一年之后，皮娜·鲍什以类似的方式，命名自己的舞团为"乌帕塔尔舞蹈剧场"，此后，博纳与莱因希尔德·霍夫曼（Reinhild Hoffmann，1943—）接管不来梅芭蕾舞团时，将舞团命名为"不来梅舞蹈剧场"。

在德国新生代编舞家中，有用"舞蹈剧场"命名舞团的，却鲜有用其专指编舞家的演出的。施密特指出：

> 奥地利人约翰内斯·克雷斯尼克将其作品称为"编舞剧场"，而他的作品应该是最早适用"舞蹈剧场"这个标签的。皮娜·鲍什则将她的制作称为"舞蹈晚会"（Tanzabend）、"舞蹈歌剧"或者"轻歌剧"，后来使用的术语是"作品"（stuck）（1977年5月，鲍什谈到《交际场》时，首次使用"作品"这个术语）。

> （Schmidt 1985：59）

一直到20世纪70年代后期，"舞蹈剧场"才开始不但用于德国很多舞蹈剧团的名称，而且用于描写这些剧团上演的剧作。诺贝特·泽福斯认为：

> 皮娜·鲍什领导下的乌帕塔尔剧团率先将"舞蹈剧场"确立为一种独立的新流派的同义词，在此之前这个术语有时会出现在舞剧团的名称里。舞蹈剧场作为舞蹈与戏剧两种形式的混搭，同时

1　荷兰舞蹈剧场（Netherlands Dans Theater）创建于1959年，是现当代舞蹈界首屈一指的舞蹈团体，具有广泛的国际影响。

为两种艺术体裁开创了新维度。从根本上说，这
个术语代表了旨在形式与内容两方面创新的一种
剧场形式。

（Servos 1984：19）

名称的变化说明，编舞家与评论家公认他们所看到的作品与之前的舞蹈作品有可以量化的区别，因此需要一个新术语，或者说在这种情况下，一个旧的术语被启用并通过特定的应用，被赋予新的意义。

20世纪70年代后期，鲍什的艺术创作决定性地走向新的表现手法，与此同时，她周围的人也同样在打破界限，为界定表演领域新的发展前途助一臂之力。格哈德·博纳再创包豪斯作品的活力，并在这个过程中重新确立了奥斯卡·施莱默（Oskar Schlemmer，1888—1943）作品的地位。奥斯卡·施莱默的作品从本质上说，就是在空间、形状与时间上的形式实验，对作为主体的人在表演中的角色提出了质疑。此前，约翰内斯·克雷斯尼克已经在作品里探索自定义版的非理性政治，他通常以处于极端危机状态的人物为蓝本，比如从《罗密欧与朱丽叶》（1975）到濒临自杀的诗人西尔维亚·普拉斯[1]（1985）。也是在这个时期，从美国移居欧洲的威廉·福赛斯（Willian Forsythe，生于1949年）开始了他在法兰克福芭蕾舞团的工作，他所创作的一系列作品突破了传统芭蕾舞剧的结构，达到更加充分表现内心真实的目的。同样出自富克旺艺术学校的苏珊娜·林克（Susanne

---

[1] 西尔维亚·普拉斯（Sylvia Plath，1932—1963），美国自白派诗人的代表，生于美国，后与英国著名诗人特德·休斯结婚，移居英国。1962年，普拉斯与休斯分居，1963年她在伦敦的寓所自杀身亡。

Linke，生于 1944 年）与莱因希尔德·霍夫曼也在拓展表现手法方面有所创新。林克的作品与许多在各地保留剧目体制内工作的其他德国编舞家的大型制作形成对照，在她的独舞或者双人舞作品中，我们往往可以觉察到她比较纯粹的表现主义艺术根基。霍夫曼在这个时期是不来梅舞蹈剧场的联合编导，她创作了一系列神话主题的大型意象派作品。

德国舞蹈界有一部分人正在根据新的表现形式调整自己，很多人为"舞蹈剧场"这个形式的出现做过贡献。然而，在总体上没有任何人有皮娜·鲍什那样的影响力。约亨·施密特甚至认为：

> 西德的舞蹈令人出乎意料地上位，成为世界新舞蹈三支主力之一，与美国后现代舞和日本的舞踏三足鼎立，［鲍什］不仅功不可没，而且几乎是仅凭一己之力打造了这个局面。她在世界现代舞界的美学影响，比如今任何一位编舞家都要大，这并不是一个随意的假设。
>
> （Schmidt 1990：40）

鲍什的影响力是深远的，不但影响了许多追随者，而且世界各地其他舞蹈和戏剧实践也能感觉到她的影响。每当谈论到舞蹈剧场，必然会出现鲍什的名字。在另外一个场合，施密特评论道："是她创建了舞蹈剧场。没有她来之不易的成功，就不会有舞蹈剧场。"（转引自 Daly 1986：46）

除了施密特的热情支持之外，鲍什在舞蹈界其他同行那里获得了同样热情的回应，最显著的是苏珊娜·林克与莱因希尔德·霍夫曼，她们都认为自己的创作得以发展，并被刮目相看，应该归功于鲍什在艺术创作上的突破（具体参见《舞蹈剧场》，1989 年 10 月 28 日于林肯艺术表演中心图书馆举行的舞蹈剧场讨论会，未经发表的文字记录）。她们三个人都在埃森的富克旺艺术学校接受过训练，林克做学生的时候，鲍什接替尤斯成为富克旺学校的领导，正如后来霍夫曼做学生时，林克接替了鲍什的工作。她们都把为发展舞蹈剧场奠定基础的大量工作归功于库尔特·尤斯。然而，鲍什既是导师也是编舞者，是她为其他人铺平道路，让他们能够独辟蹊径，找到自己的表现形式。

舞蹈剧场形成的关键时期：1977—1985

对于鲍什而言，挑战与伟大的创举在于，寻找一个途径，既能通过编舞构建原则，始终将舞蹈置于首位，又能结合表现个人主观体验的戏剧技巧。正是在这个结合点上，舞蹈与戏剧走到一起，形成了舞蹈剧场。在鲍什早期根据歌剧或者芭蕾舞剧创作的作品里，如《奥菲欧与欧律狄刻》与《春之祭》，已经能够看到通过戏剧现场感来体现主观参与的倾向，尽管这些作品还是建立在事先编排好的动作形式上。在《蓝胡子》创作过程中，她初次采取带有提问过程的构建形式，这个过程包括了全体成员的重要参与，并且同时产生了演员的主观存在感，在强调形体的舞蹈形式中充分融入了更加戏剧化的表演结构。

《蓝胡子》之后，剧团继续推进这种新的形式体系，很快完成了几部新作品。刚开始在乌帕塔尔工作时，鲍什在创作中还是比较传统的，先制定动作形式，然后把动作形式精心安排在剧团成员身上。在《蓝胡子》的创作中，她以一系列提问开始，让剧团成员寻找应对。应对的形式有时是一个表演形象，有时是一个具体动作，还有的时候可能是演员讲的一个故事。她可能会让演员描写一件丢失了的东西，或者拿出一件自视珍贵的物件，或者只是将他们的名字用舞蹈形式表现出来。一旦这些基本要素出现在排练场，就可以用各种合适的方式加以探讨，比如语言、戏剧形象、动作等。比方说，一件珍贵物品可以引出一段故事或者一幕戏，还可以成为动作的促进因素。在整个排练过程中，鲍什一边观察，一边做笔记。她要求演员把自己所做的写下来，方便记忆，以便在她提出要求的时候，他们可以再做一遍。她还真会提出这样的要求，而且不止一遍。不同的舞段得到尝试、扩展，或者与其他舞段连接起来，或者被放弃，渐渐地会出现一定的条理性。每个人的应对都关系着成为作品动机的基本问题。这个创作步骤是从《蓝胡子》开始的，不过演员们当时所应对的还是有凝聚力的歌剧原始文本。紧随其后的作品，《与我共舞》（*Come Dance With Me*，1977），其出发点就是舞团成员自己了。对问题进行有条理的探索，与创作新作品基本的形式步骤，两者是同步成形的，最终的结果包括形体、文本、形象、声音以及在创作整体舞台效应方面越来越重要的舞台布景。

尽管这个过程相当耗费时间，剧团在这个时期还是能够每年创作并上演两部新作。鲍什在这个阶段的合作者是她的伴侣罗尔夫·博尔济克（Rolf Borzik，1944—1980），他是舞台布景的创意与设计师。每一部新作都使创作流程得到深化，也进一步定义了舞蹈剧场及其发展方向。《他拉着她的手，领她走入城堡，其他人跟随而去》（*He Takes her by the Hand and Leads her into the Castle*，1978）是以莎士比亚剧作《麦克白》为依据的作品，标题来自《麦克白》的一段演出说明，演员参与了对作品呈现方式的重新构想。《穆勒咖啡馆》（*Cafe Müller*，1978）更多是为两对男女而作的一部室内作品，鲍什本人在作品里是一个孤独的角色，好像一个盲目的梦中人，试图抓住在眼前一闪而过的各种形象。在这两部作品中，所有演员都经历了同样的提问过程与严格的形体排练过程，对每个人的期望都是要全身心投入到舞台表演中。作品是根据对讨论中的问题所作出的回应逐渐形成的，也是一个合作的过程。《交际场》（1978）从温柔的概念入手。温柔的界限是什么？何时会演变成别的东西？从这些问题开始，进展到我们为了寻求沟通而对彼此所做的各种事情，有时很幽默，有时很绝望。

这个关键时期的下一个阶段，深受鲍什私生活中两件大事的影响。1979 年，罗尔夫·博尔济克确诊患上癌症，并于 1980 年初去世。他不拘一格、充满活力的个性，深深地影响了舞团，他与鲍什的私人关系也是力量的源泉。他的设计超越了传统的布景透视法，体现了在作品中发挥作用的隐喻，很难有人能够替代他在作品创作中的角色。博尔济克去世后，鲍什开始与设计师彼得·帕布斯特合作，并在此后所有作品中都保持与他的合作。帕布斯特采用博尔济克一份舞台场面的草图，完成了《1980——皮娜·鲍什的一部作品》（*1980-Ein Stuck von Pina Bausch*，1980）。这部作品在某种意义上是博尔济克的安魂曲，既是怀念也是颂扬。作品在很大程度上由童年形象构成，有失去童真的感觉，也出乎意料地颇具幽默感。在鲍什其后的舞蹈生涯中，这两者的微妙结合会继续成为她艺术创作的主调。

尽管失去了博尔济克，舞剧团并没有停止工作。除了新作之外，他们还重演旧作，在欧洲和澳大利亚访问、巡演。1981年，剧团终于暂停新作的创作，不过当时的巡演计划肯定已经让他们忙得不可开交。这时，鲍什生下一个儿子，取名罗尔夫·所罗门（Rolf Solomon）。自此，鲍什的创作趋向更加轻松的素材，探索了新的主题，然而，将这些归咎于生育这个单一事件，就太取巧了。既然演员的生活经历在很大程度上成为创作的基础，晦暗与光明的阶段必然会交织出现。在我看来，鲍什非常有效地寻找到将光明与晦暗结合在一起的途径。每个绝望的时刻，必有希望的空间，也有些许笑声，而轻松的嬉戏喧闹总会蕴含严肃的为作品定调的潜流。

　　舞剧团继续运用探索性的创作方法，继续明确舞蹈剧场的界限。后来形成了一种常规，每年创作一部新作，同时保持其他作品的活力，适应越来越多的国际巡演。在成就了《蓝胡子》的那场危机之后的9年里，舞团改造、创作了14部作品，在此基础上确立了他们的声誉。在舞团的国际巡演上，可以看到许多早期有特色的作品，鲍什的影响力遍及舞蹈界的四面八方。欧洲各地的舞剧团被这种新的演出形式所吸引，法国舞蹈界因此而获得新的活力，比利时新舞蹈如雨后春笋般出现。鲍什在南美洲的一次巡演，也对当地舞蹈团体产生了影响。英国则在1982年首次目睹鲍什新作。1984年在洛杉矶奥林匹克艺术节上，舞剧团首次在美国演出（当时的观众多半是感到困惑的），其后在1984和1985年，鲍什在纽约的布鲁克林音乐学院（BAM）连续推出了两个演出季。鲍什艺术创作的关键时期，以犹豫不决的尝试开始，试图重新设想剧团可以做些什么，并以创建在全世界产生巨大影响的新形式告终。

美国舞蹈与德国舞蹈的碰撞

在美国，形式主义的后现代舞蹈运动方兴未艾，而德国舞蹈则沿着更加注重情感表达的方向继续发展，编舞家们与鲍什携手合作，建立起新的舞蹈剧场审美观，新的德国舞蹈家群体渗透到保留剧目体制里。到了20世纪80年代中期，美国舞蹈与德国舞蹈之间出现了清晰的界限，美国舞蹈占主导地位的是形式主义的态度，将身体视为物体，视为动作的操纵装置，而德国舞蹈则具有新表现主义倾向，视身体为主观存在。

将身体表现为物体还是主体，决定了舞蹈实践截然不同的路线，这方面表现得最明显的，可能是布鲁克林音乐学院（BAM）举行的1985年新浪艺术节[1]。艺术节期间，来自德国的几个舞蹈剧场团体的演出，与当时在BAM和纽约其他场合呈现的美国编舞形成鲜明对照。德国与美国舞蹈创作的区别，令人想起之前的一次美学碰撞，当时是30年代，韩亚·霍尔姆将玛丽·魏格曼的表现主义舞蹈思想带到了纽约。霍尔姆解释道：

> 从情感方面说，德国舞蹈基本上是主观的，而美国舞蹈最具特色的表现是客观的……美国舞者倾向于观察、刻画，带着理智的理解和分析，对她的周围环境做出评论……反观德国舞者，其

---

1 另有翻译为"下一波艺术节"。

出发点是真实的情感体验，以及这种体验在个人
身上的作用。

（转引自 Partsch-Bergsohn and Bergsohn 2003：57）

　　BAM 艺术节还安排了几场讨论会，德国和美国的评论
家和舞蹈家在听众面前对他们之间的区别展开辩论。（讨论
会的发言记录以及其他有关德国舞蹈剧场的论文合集，见
TDR，1986 年春季刊。）作为其中一场讨论会的主持人，安
娜·基塞尔戈夫（Anna Kisselgoff）在为双方的交锋做铺垫
的时候，引用了德国舞蹈评论家约亨·施密特的话：

　　　　诚如我们所见，新舞蹈（即后现代舞蹈）编
　　舞家们感兴趣的首先是动作。然而，皮娜·鲍什
　　明确表示，她更加感兴趣的是人为何而动，而
　　不是如何动——她的德国同行莱因希尔德·霍夫
　　曼和苏珊娜·林克的观点也大致如此。美国年轻
　　人——由于他们是坎宁汉－尼克拉斯那代人的继
　　承者，而那一代人将舞蹈定义为"动作，而非感
　　情"——沉迷于舞蹈本身，他们的德国舞蹈同行
　　则关注环境、人们的日常生活，他们的烦恼、恐惧、
　　所面临的问题以及生活乐趣，希望从中获悉一点
　　东西，并传递给观众。

　　　　　　　　　　　　　　（转引自 Daly 1986：47）

　　两种舞蹈美学的区别，事关舞者身体在舞台上的存在感。
在创作中，要么将身体视为形式要素，通过各种技术加以操
纵和运动，要么将身体视为个人主观存在，通过文化和适应

文化的形象和姿势，表达个人对社会的参与。

参与讨论的评论家们简明扼要地阐述了分歧的关键。《费城问询者报》记者南希·戈德纳（Nancy Goldner）归纳了美国人的观点：

> 非常宽泛地说，我认为美国舞蹈的主要特征是，编舞家们的兴趣在动作质量。每一个手势、每一个舞步都有其内在的效度、美感和表现力，一切尽在其中，取而用之即可。美国这种观念来自芭蕾舞和现代舞这两个相互争斗的阵营里的两个人物：乔治·巴兰钦与梅尔塞·坎宁汉……我认为年轻一些的编舞家——有些已然不那么年轻了——一直持有这样的观念。第一，动作本身是有意思的。我们起舞是为了能够表达一定的意义，但是我们起舞首先就是为了动起来。目的就是动——你准备如何动，你能做出多少种有意思的动作。第二个观念是，动作本身具有表情达意的性质。
>
> （转引自 Daly 1986：48—49）

根据这样的设想，动作具有表现力，人的躯体是引出动作的工具。约亨·施密特反驳了这种观点，他提到美国舞蹈的另一个传统，并以舞蹈剧场为例，说明在舞蹈中作为主体的躯体是具有表现力的：

> 我认为美国现代舞有两条发展路线，其中之一是比较现实主义的——玛莎·格雷厄姆、多丽

丝·汉弗莱、何塞·利蒙和安娜·索科洛。但是格雷厄姆之后，现实主义路线消失了。我看到很多年轻美国编舞家在做一些其实古典芭蕾会做得更好的事情。他们总是努力追求速度和才华横溢的表演。我会问：他们为什么不去从事芭蕾舞呢？在我看来，有些舞蹈演员和编舞就像仓鼠一样。这些小动物在转轮上好像不停地转圈，实际上总是在同一个地方。

（转引自 Daly 1986：49）

美国评论家对德国舞蹈的反应，从表示欣赏、感觉深受启发，到困惑不解，甚至十足的愤怒，不一而足。美国舞蹈评论界有形式主义的客观思维定式，试图让他们接受德国舞蹈对身体的主观想象，也是强人所难，往往会引起唇枪舌剑。德博拉·乔伊特（Deborah Jowitt）承认两种舞蹈方法的区别，但是不认为两者能够相互融合，进而在美国舞蹈实践中产生任何变化。她说：

我无法想象美国编舞家想要仿效"舞蹈剧场"，无论他们如何被舞蹈剧场的作品所打动。看到通过创新的方法可以在舞台上处理极端的情感，这可能是很有启发的，但是，我觉得美国舞蹈家对舞蹈与形式的表现力依然是很有信心的。

（《批评家所言》1986：81）

在这个意义上，"舞蹈"被视为以成熟技术为依据的动作，是形式表达方式，或者，如南希·戈德纳所定义的："美国

图 1.4 《擦窗者》（1997），贝蒂娜·施特贝摄

舞蹈是动作中的躯体——可以说是为舞蹈而舞，让感情像碎屑一样，随意飘落。"（《批评家所言》1986：81）这种对美学分歧的描述过于简单，纯粹的形式标准从来不会如此显著。尽管如此，鲍什的艺术创作及其后来对欧洲舞蹈创作的深远影响，也为美国现代舞开辟了新的发展前景。鲍什的创作在舞蹈界开辟了新的途径，那些传统思想根深蒂固的从业者有时仅是勉强接受，而戏剧艺术家则敏锐地欣然接受了鲍什的大型意象派作品，认为这些作品梦幻般的叙述结构是可追溯到上个世纪之交的戏剧实验的延续。尽管在这个时候，美国人不愿意全面接受鲍什的创作，她的名声已经建立起来，她在欧洲舞蹈界的地位得到巩固。

驻场作品：艺术形式的扩充，1986—1998

鲍什利用自己日益提升的声誉，在不同城市里设立剧团驻场周期，探索新思路，以此作为新作品的基础。这个创作方法是从驻场罗马开始的，剧团在那里创作了作品《胜利者》（*Viktor*，1986）。他们在罗马游览考察，然后将所得印象带回排练场。剧团回到乌帕塔尔，经过煞费苦心的过程，仔细筛选他们对罗马的反应，形成了作品框架。最终作品在当地歌剧院首演，然后回到赋予作品灵感的城市再次上演。虽然在这个时期还产生了其他类型的作品，包括在一个演出间隔期，创作了电影《女皇的悲歌》（*The Plaint of the Empress*，1989），驻场创作方法越来越多地成为鲍什优选的工作方式。鲍什驻场作品所涉及的城市有巴勒莫（《巴勒莫，巴勒莫》[*Palermo，Palermo*，1989]），马德里（《舞会之二》〔*Tanzabend II*，1991〕），维也纳（《悲剧》〔*Ein Trauerspiel*，1994〕），美国西部（《唯有你》〔*Nur Du*，1996*，主要根据舞团在洛杉矶驻场的经历，同时也包括在旧金山市和得克萨斯州奥斯丁的短暂逗留），香港（《擦窗人》〔*Der Fensterputzer*，1997〕），里斯本（《热情马祖卡》〔*Masurca Fogo*，1998〕），等等。

驻场作品的创作一直延续到鲍什去世。鲍什原有的创作方法是向舞蹈演员提问，从他们的生活与过往经历中提取素材，这个方法在驻场作品中得到了扩充。她利用舞团对一个地方的反应，揭示出比游客所刻画的城市更加深刻的东西。她不断地问：是什么造就了这样的人？城市的活力与特点从何而来？答案更多来自人们生活起居的方式，而不是城市本身的任何具体细节。目的是在特定文化背景中发现各种表达方式，并从中找出更具普遍意义的东西。

鲍什到美国搞创作的时候，我曾经有机会观察这种方法是如何运作的。这段驻场经历后来产生了作品《唯有你》。舞团上午在加州大学洛杉矶分校（UCLA）的舞蹈中心进行训练，下午进行排练。到了晚上，演员们会出去观察洛杉矶市，所到之处从拳击馆到UCLA的篮球队训练场，不一而足。他们参加了一次观鲸之旅，在好莱坞露天剧场打保龄球[1]，还亲眼见证20世纪70年代受观众喜爱的电视明星弗洛伦斯·亨德森在好莱坞星光大道添上她的一颗星。他们造访的地方和参加的活动共有五十多个。鲍什对很多活动都感兴趣，但是特别吸引她的，是人处于动态的情形。毕竟，她与剧团成员

---

1 原文如此，显然是作者的失误，Hollywood Bowl非常出名，是个碗形的露天剧场，不可能打保龄球。为保险起见，译者询问过在当地的朋友，这句话推测应该是"在好莱坞露天剧场看戏"。

都是舞蹈演员出身，会习惯很敏锐地观察人们如何通过动作进行自我表达。剧团原来希望在洛杉矶的大街上逛逛，与当地人打成一片，但是当地居民不是那么容易观察得到的，因为他们大多数时间都困在自己的车里面。

驻场结束之后，剧团一位成员赖纳·贝尔（Rainer Behr）评论道：

> 在我的眼中，洛杉矶非常贫乏，不是在物质上，而是在精神上。充满了那么多幻想……他们的看法，他们的精神状态，他们的生活——老实说，真是让我感到震惊。有那么多人无法成功，无法正常生活，他们的情形就在那儿，就在你眼前……在那儿，他们有真去做傻事儿的自由，有重拾失去的理想的自由。什么都可以去做，没有限制。
>
> （转引自《对〈唯有你〉创作
> 以及鲍什世界的思考》1996：30）

被问到这么丰富的体验如何变成一部舞蹈作品的时候，鲍什答道：

> 我所寻找的，是我所感受到、触摸过、见到过的东西，或者是我遇见过的人。可以是非常简单的事情——因为有人在场，因为他们的互动方式，所以会发生一些事。我愿意看，愿意了解，愿意与人相见，然后再看会发生什么。
>
> （转引自 Breslauer 1996：3）

《唯有你》这部作品本身是一系列相互不连贯的片段，在我心目中可以用一个简单的表演形象来概括。安德烈·别列津拿着一张摇椅登场。他呼唤扬·米纳里克，然后四处张望，但是找不到他。安德烈坐在摇椅里，点燃一支烟，然后一边喷着烟，一副无比舒适的样子，一边说："救命啊。"他语气诙谐，好像在说笑。他接着说："你如果出事儿了，拨打911。然后，做点儿什么，跳起来，尖叫。他们到了就能看见你。"在之前的作品里，很多表演形象要刻意暴露演员的一些特征，而这部作品在表演的时候，给人的感觉是想要存在就必须被人看见，只有引起他人注意，你才能成为自己。

被问到她觉得美国观众对这部作品会有什么反应时，鲍什解释道：

> 我想传递我的感受，我努力去做的，是找到最能够表现这些感受的画面或者形象。而你们必须找到自己的方法来展示这些东西。我不是在用常规的方式讲故事。在某种意义上，观众里的每一个人都是作品的一部分；在对你看到的演出作出回应的时候，你带着自己的经历，自己的幻想，自己的感受。你内心会有点变化。要让内心有所反应，才能理解，这不是通过智力可以做到的。所以，每个人根据自己的经历，会有不同的感觉，不同的印象。
>
> （转引自 Meisner 1992：15）

《唯有你》的每一个片段都有独立价值，但是作品真正的过人之处在于片段的累积效果。我们看完之后的感受是孤

图 1.5　多米尼克·默西在《天地》（2004）中的表演，贝蒂娜·施特贝摄

独与绝望的亮相，傲慢与韧性，表面的华丽变得冷漠，被擦拭成镜子一样，而且也不允许别人从这里踏入内在的世界（作品中频繁出现真实的镜子，从手持小镜子到全身穿衣镜）。虽然有些加州评论家不愿意将作品看作对美国西部的刻画，在我看来，作品的总体效果超越了具体的参照物，所关注的是美国所特有的更深层次的关系。而且鲍什作品通常都是如此，只要你愿意投入，就有空间让你从演出中得出任何观感。假如你来寻求娱乐性的片段，你可以看到这些片段；如果你将自己在社会上的身份地位更多地投入进去，你可能会找到一些对待表面价值的方法，我们在日常生活中都会面对这些表面价值。

在这个阶段，鲍什的创作还是在我们上面提到过的基本理念框架之内，即在舞蹈剧场发展关键时期所形成的基本理念范围之内。创作的基本途径是精心打造一连串能够产生感情共鸣的形象，以形体的形式进入内在维度。作品的构造好像梦境一样，看上去似乎是相互没有关联的片段，实际上却表现了潜在意图的内部连贯性。然而创作的动机冲动在这个阶段有所转移。原来是从她手下演员的生活经历出发，现在过渡到某种文化人类学。鲍什设问：我们是如何扮演自己的。然后她和她的舞团将探索所得的结果，精心设计成既是多重视角的，又遵循同一内在逻辑的立体派艺术画像群，展示给观众。如果说有什么不同的话，这个阶段的创作更加精致，在鲍什和舞团（还有观众）适应了这种创作方法之后，整个过程逐渐形成常规。不过，我觉得这个时期的创作多少失去了一些早期的创造性活力。我的感觉是从早期作品直面观众的做法后退了一步，而这后退的一步，让观众多了一些舒适感。

图 1.6 《呼吸》（2003），贝蒂娜·施特贝摄

回归舞蹈，1999—2009

《唯有你》穿插了若干独舞，使用的是相对传统的基于动作的舞蹈词汇。在这些独立的舞段中，男演员的表现尤其突出，所有舞段都包含了一定程度的戏剧性手势，并由手势转化为调动全身的扑身倒地动作。作品以一段独舞告终，演员是多米尼克·默西（Dominique Mercy），这是一位魅力四射的舞蹈演员，即便年近六十，依然令人惊艳。他体态优美，纵身一跃，双臂恣意挥舞。这最后一段舞就像是死亡之舞，让我们见证了一只小鸟垂死的临终喘息，就像以双倍速度呈现出《天鹅湖》里的天鹅之死。我离开剧场时的感觉是，尽管我们看到表面的光鲜，还有很多诙谐的片段，最终留给我们的却是一个人面对死亡时的脆弱。一个孤独的人，离群索居，为留住生命在做最后的努力。

鲍什在排练这个作品的时候，给了演员更多基于动作的提示。舞剧团正处在一个过渡期。有些忠诚追随鲍什多年的舞蹈演员离开了舞团，新一代年轻舞蹈演员取代了他们的位置。鲍什此时的声誉可以保证她能够聘用到在舞蹈界出类拔萃的演员。舞团的组成一向是超越国界的，不过到了这个时候，演员更是来自五湖四海，世界五大洲都有几个代表。20世纪80年代，鲍什曾经说过，她需要将舞蹈搁置一段时间。此时是20世纪90年代中期，她开始重新探讨动作的概念。鲍什的创作中一直都有动作片段，只是舞团成员结构的变化，加上鲍什对自己创作风格的自信，使动作片段变得更加突出。然而，即便她重新立足于比较传统的动作语句，在创作方法上她依然保持了对自我与环境的深入探索。

在早期创作中，舞团很多成员都随时准备摆脱舞蹈所造成的各种限制。然而舞团新成员并没像他们一样，觉得受到舞蹈的限制，这其中部分原因，是鲍什的影响已经为他们提供了各种可能性，所以他们随时可以通过动作表达思想与情感。鲍什愿意接受舞团所能做到的一切，根据团员的需求和作品的需要作出回应。没有其他舞剧团能在创作中如此关照到舞团的每个成员。假如依次观看舞团的作品，你会认识不同的舞蹈演员，觉察到他们对作品的贡献，而这次创作风格的转变也可以反映舞团成员结构的变化。比方说，扬·米纳里克退休之前，我一直没有意识到他对舞团的影响有多么重要。他退休后继续以顾问的身份在舞团工作，但是舞台上再也没有他的魄力与风采。米纳里克不遗余力地拓宽舞蹈措辞的界限，以达到揭示人物性格细微之处的目的，尽管在这个过程中往往会暴露自己的脆弱之处。剧团上演保留剧目里的老作品时，由其他演员替代离开舞团的老演员，也能达到原来的有共鸣效果的演出水平，但是新作品的构建方式不尽相同。

我们首先是从《唯有你》开始看到回归舞蹈的转变。但是在很大程度上，这部作品依然建立在以往作品的意象主义基础上。此外，剧团新聘演员开始拥有发言权的同时，很多资深成员还有相当大的影响力。《热情马祖卡》是新旧风格最开心快乐的混合之作。作品依然混合着意象主义结构和偏重动作的舞蹈段落，不过，或许因为剧团新成员的影响，或许因为作品所依据的是里斯本的热情，作品呈现出的青春活力和性感，让我们看到一个新的趋势。

鲍什此后完成的几部作品，还是基于在各个城市驻场的经历，具有相类似的人类学方法，但是作品给人的感觉不太一样。部分区别是增加了比较传统的以舞蹈为中心的动作序列。然而，更加显著的区别是剧团完成作品时的轻松感。早些时候的作品带有挑衅性，好像我们是一个事件的见证者，并且不一定是心甘情愿的见证者，因为展现在我们眼前的，是我们在人世间是如何行事的，我们是如何相互对待的。结果不一定令人舒服，但总会得到一些启示。现在，我能欣赏作品，为作品构造与演出的独具匠心而惊叹，但是我不再会觉得，自我保护的幌子被揭开，我的生活被拉扯出来，散落在舞台上，暴露无遗。

鲍什将影响舞台演出的各种因素合并起来，形成基于舞蹈的戏剧结构和流露内心世界的形体仪态，产生了深远的影响。尽管如此，她近期的作品还是回归舞蹈本身，这是经历了戏剧意识转化性氛围的回归，承载着新的面对观众的方法，以及在激进变革的社会里进行创作的重任。对舞蹈形式进行开创性的扩展，是因为她和舞团渴望找到新的表现手法，能够直观地体现他们所关心的事情。他们探索舞台表演的新方法，并随后为其他编舞和戏剧艺术家提供途径，探索新的演出手法，用这种手法去解释和利用演员躯体在舞台的真实存在，不用尝试让他们的躯体去完成客观的技术动作，在一个戏剧故事里表现人物性格的时候，也无须设法让他们的躯体去代表什么别的意义。

一旦开辟了新的途径，鲍什和剧团便着手从另一个方面去开辟新疆域。在这个时期，他们更加注重回应自身需求——作为演员，也作为普通人——而不是去顾及惯例的要求，或者顾及可能希望看到更多相类似作品的观众。他们不断在问的，也是鲍什从一开始就问的："是什么打动了你？"时至今日，问题的答案以新作的形式呈现，是对新的驻场城市的回应，也是对上了年纪的鲍什和越来越年轻化的剧团核心成员的回应。回首年轻时的奋斗，当年置身于一个充满敌意的世界所产生的张力，此时变成了略带遗憾的满足感。在取得了一定的地位之后，可以把过去无法表述的说出来，于是在作品中出现了某种舒适感。是鲍什创造了表述的可能性。

鲍什的艺术创作与当代戏剧

就在鲍什回归基于动作的舞蹈措辞时，她在戏剧界的影响也持续扩大。鲍什改变创作手法，转向舞蹈剧场的最初推动力，来自对戏剧潜力充满热诚的重新构想。20世纪60年代，实验戏剧开始重新定义主观性和舞台上本色表演的概念，他们的理论依据通常是戏剧界的叛逆者，法国戏剧理论家安托南·阿尔托有预见性的理念。经过各种流派的戏剧艺术家的实验，创造舞台世界而不是在舞台上打造一个世界成为可能，演员从关注戏剧人物关系，转变为关注内在而真实的人际关系。20世纪60年代在纽约访学，以及70年代在德国开始创作自己的作品时，鲍什所融入其中并从中汲取力量的，正是实验戏剧的这种活力。

鲍什还在接受教育的那些年里，戏剧界越来越强调形体，强调艺术的直观感，考虑到她的舞蹈背景和她对舞蹈形式主义倾向的日渐不满，她很自然会将戏剧作为艺术桥梁。了解鲍什在戏剧发展时间线上的地位是非常重要的，因为她是从戏剧汲取活力的。她找到了将戏剧活力用在自己创作中的途径，我认为，她无疑是20世纪后期戏剧实践的主要贡献者之一。她的大型设计与史诗般的作品，经常与戏剧界传奇人物同样宏大的作品相提并论，如英国导演彼得·布鲁克（Peter Brook，生于 1925 年）和法国先锋导演阿里亚娜·姆努什金（Ariane Mnouchkine，生于 1939 年）。

除了鲍什与阿尔托和格洛托夫斯基等戏剧界先锋人物的渊源之外，近年来评论界还将鲍什作品与各种戏剧风格与戏剧艺术家加以比较。有评论家认为她对意象结构的运用与一些导演相类似，他们对比美国戏剧导演和舞台设计师罗伯特·威尔逊（Robert Wilson，生于 1941 年）所使用的精确的视觉语言，或者意大利导演罗密欧·卡斯泰卢奇（Romeo Castellucci，生于 1960 年）与比利时艺术家让·法布尔（Jan Fabre，生于 1958 年）的叙述策略（Climenhaga 2018）。还有人将她的创作环境与美国先锋剧作家、导演理查德·福尔曼（Richard Foreman，生于 1937 年）在"本体 – 歇斯底里剧场"所开创的智力游戏空间联系在一起。福尔曼将自己的创作空间描述为"让文本去探索的环境，进行心理、精神与身体锻炼的体操馆"（Foreman 1995：69），假如我们去掉对文本的关注，这个描述就会非常适用于鲍什创作的环境。鲍什在排练过程中，通过不断探索，把作品组合起来的做法，被拿来与其他戏剧创作进行比较，比如纽约表演团体伍斯特小组的同类作品，安·博加特（Ann Bogart，生于 1951 年）的晚期作品，以及 SITI 剧团[1]运用视点训练法，在戏剧创作中引进舞蹈构建原则的做法。鲍什独特的启发式创作方法以及通过形体与戏剧结合的做法，也让评论家联想

1　SITI 剧团，萨拉托加国际戏剧学院剧团的缩写简称。该学院由安·博加特、铃木镇一以及其他志同道合的艺术家共同创建于 1993 年，致力于当代美国戏剧艺术创新，强调国际文化交流合作，推广铃木教学法与视点训练法。

到美国先锋音乐家、表演艺术家梅雷迪思·蒙克（Meredith Mork，生于1942年）的动作与声音歌剧。

这些艺术家以及他们的演出风格未必有共同的起主导作用的美学思想，他们的共同之处其实很简单，就是从传统戏剧结构之外去寻找新的表现形式。在他们创作生涯的某个阶段，上面提到的很多艺术家的作品，包括鲍什的作品，都曾经被贴上行为艺术的标签，而这个相对新创的术语也会反过来，涵括未来主义、达达主义，以及20世纪很多其他实验戏剧。在很多方面，行为艺术是一个方便的标签，可以用来形容那些在某个时期超出公认的戏剧或者舞蹈范畴的演出。行为艺术的所指是不断变化的，戏剧或者舞蹈的内涵不断扩展，某一类型的演出和艺术风格被纳入扩充了的范畴之后，这个术语也就不再适用了。因此，就定义而言，行为艺术是表演实践的前沿。鲍什的作品扩展了舞蹈与戏剧的内涵，并在这个过程中模糊了两者之间的界限。

最近，戏剧理论家汉斯-蒂斯·莱曼（Hans-Thies Lehman）新创一个术语"后戏剧"，用来描述以20世纪60年代形成的新形式手法为基础的戏剧实践，其特点是着眼于表演空间的创作，"使剧场经历成为能量互享，而不是符号传递的时刻"（Lehman 2009：150）。莱曼特别提到鲍什，认为她的后戏剧策略涵括面甚广，其中一个方面是在形体构建中运用空间理念。形体动作在与空间的相互作用下，变成可感触的体验。比如在鲍什版的《春之祭》里，观众可以观察到演员动作的力度和沉重的呼吸：

体力充沛的躯体被赋予直观的时空化，为的是直接与观众的神经系统沟通，而不是向他们提供信息。观众并非在观看，而是在一个时空里实现自我体验。

（Lehman 2009：152）

莱曼探讨了"后戏剧"思想如何发源于20世纪后半期对戏剧发展潜能的重新构想，并阐明了戏剧艺术家——包括鲍什——如何进一步发展了这些初步构想。

莱曼举例说明，当前有关戏剧结构的讨论是如何将鲍什的创作纳入其中的。在内容丰富的《形体戏剧评介》（*Physical Thoatres：A Critical Introduction*，2015）一书中，西蒙·默里和约翰·基夫对基于形体参数的新戏剧建构进行分类。讨论到当代戏剧实践时，所列举的第一个例子就是鲍什，他们清晰地展示了鲍什在整个戏剧界新生力量中具有独创力的地位。随着戏剧领域不断扩展，覆盖了更大范围的可能性，鲍什的作品经常会被作为参照点，用以描述向新生事物的转变。

鲍什的影响

　　鲍什的影响至少有两个不同的方面。第一，她的艺术创作丰富了表演艺术家的形式资源。鲍什建立了新的创作方法，使编舞家、导演和新作品的创作者能够触及一个观念、一部剧作或者一个创作构想的核心所在，并通过各种方法阐明其要点。第二，鲍什的创作为我们提供了各种可能性。鲍什让我们看到，大家一度认为可能存在的界限，戏剧与舞蹈之间，文本与动作之间，人物与表演之间等，只是带有局限性的结构方式，是可以突破的，而许多艺术家与创作家接受了突破局限的挑战。

　　鲍什创作出具有流动感的梦幻般的作品，推翻了舞台上的各种界限。这看似容易，实际上却并不是那么简单易行。她的作品无不是经过好几个月的辛勤创作、耐心编辑、精心策划以及不断重构。鲍什开启了进入新天地的大门，而希望走入这扇门的人，必然会面临一个艰辛的过程。虽然世界各地的舞台上出现了一系列对鲍什作品的拙劣模仿，但毕竟还是有人能够运用从鲍什那里继承的工具与自由，结合他们自己方方面面的才能，创作出带有挑战性的，充满活力的作品。

　　在鲍什自己的国家，其他德国艺术家在鲍什打下的基础上开疆辟土。老一辈艺术家在当年舞蹈剧场形成的时候，与鲍什并肩作战，如今依然有相当大的影响力，而很多新生代艺术家也创作出引人瞩目的作品，其中最受关注的是萨沙·华尔兹（Sasha Waltz，生于1963年）。在阿姆斯特丹和美国学习之后，华尔兹创作了几部情感处理难度很高的作品，她将这些作品归功于鲍什的直接影响。2000年，她受邀担任柏林剧院的助理艺术导演，跟随剧院导演托马斯·奥斯特迈尔（Thomas Ostermeier，生于1968年），对戏剧的种种可能进行重新构想，继续创作有活力的作品。在瑞士，另外一位出自富克旺艺术学校的艺术家，约阿希姆·施勒默尔（Joachim Schlömer，生于1962年）从80年代中期开始领军巴塞尔舞蹈剧场。安妮·特蕾莎·克尔斯梅克（Anne Teresa de Keersmaeker，生于1960年）与她的罗莎舞团引领了比利时舞蹈-戏剧的繁荣，作品丰富多彩，有令人惊艳的形式主义表现手法，如《相位》（Fase，1982），《罗莎舞罗莎》（1983）和近期作品《小手（出自否定的谎言）》（2001）；有将戏剧要素与严谨的动作表达融为一体的作品，其中包括《埃莱娜的咏叹调》（1984），《施特拉》（1990）与《（假如一个眼神能够）四月我》（［but if a look should］April me，2002）；还有一些探索文本的新作——《四重奏》（1999，文本来自海纳·米勒）和《我说我》（I said I，1999，文本来自彼得·汉德克）。她也明确提到鲍什对她构建新作品时的影响。许多艺术家跟随其后，推翻舞蹈与戏剧之间的藩篱，其中包括温·凡德吉帕斯（Wim Vardekeybus，生于1963年）和他领导的比利时终极现代舞团，梅格·斯图亚特（Mag Stuart，生于1965年）及其舞团"次品"（Damaged Goods），尼德剧团（Need Company）和跨界艺术家亚兰·布拉德勒

（Alain Platel，生于1965）等，他们无不将鲍什视为主要影响。鲍什作品还为世界各地的舞蹈提供了新的创作途径，从法国到以色列、从印度到南美洲。

英格兰正处于形体戏剧新浪潮之中，其舞蹈界也行动起来扩展疆域。虽合拍剧团、强制娱乐剧团等戏剧团体的创意作品，或者DV8形体剧场袒露内心世界的舞蹈，不能直接追溯到鲍什的影响，但是他们脱离基于文本的戏剧艺术，转向直接面对时空中的形体，这种转变来自深受鲍什创作影响的注重情感表达的创作氛围，而且这些剧团很多成员都以鲍什崇拜者自诩。鲍什的影响未必见于新产生的对形体表现的重视，而在于作品形成的过程，以及运用舞蹈构建原则去组合戏剧形象的创作手法。

美国舞蹈显然已经超越了前面提到的，20世纪80年代的形式主义倾向，其实即便在当时也已经有了新动向。编舞家努力的方向是，既能体现舞台演出所产生的广泛影响，又能坚守形体表现的根基，他们通常还要面对在财力物力上越来越受限制的局面。新的戏剧团体增加了台词为主的作品的上演难度，致力于寻求戏剧构建的新途径。在纽约市区的表演艺术节上，随时可以见到有艺术团体在探索以形体为基础的创作，他们所受到的影响主要来自鲍什和重要性日益显著的视点训练法。作为对表演创新的探讨，视点训练法一开始是由玛丽·奥弗利（Mary Overlie）在表现主义舞蹈基础上创建的，后来安·博加特和SITI剧团对其进一步发展，这种训练方法提升了演员的时空意识。上面提到的团体都对开放的戏剧艺术结构作出回应，而鲍什在这方面提供了首屈一指的范例。鲍什作品改变了对表演的认识，为舞蹈与戏剧的从业者跨越不同的表演范畴提供了新的可循之迹。

鲍什在编舞方面的初始目标，与伴随她成长的德国表现主义舞蹈是相似的：探索舞台的潜力，从内心深处袒露人的情感。鲍什开创舞蹈剧场，最伟大的一个成就在于吸收利用舞台和表演基本要素的能量。鲍什拒绝把任何事情当作理所当然的，总是要问：走上舞台，被观看，并看向观众，这一切意味着什么，又带来了什么。这样做的时候，她利用的是舞台要素的本义，而不是别人所赋予的意义，将注意力集中在演员身上，聚焦于他们在排练中能够给作品带来什么。她剥去华丽的外表，袒露出被遮盖的人。

一方面是聚焦演员的主观存在感，他们的身世、想法、知识和经验对每个表演瞬间都会产生作用，另一方面是对展示戏剧与舞蹈的舞台提出质疑，两者相结合产生一种表演形式，有意识地将社会参与和表演实践的各种沿革纳入其中。每一个表演片段的创作基础与我们感受演出的基础是一样的，我们的感受从来不是将自己置身事外，而是以自己的经验与经历，以对将来的期望与对往事的认识为根据。眼前的片段基于埋藏在深处的往事，让过去的时刻出来轻轻吐一口气，然后又成为构建下一个实时片段所必需的组成部分。

简而言之，鲍什不会轻易放过我们。她创作的片段是庞大冰山闪光的一角，带给我们的是错综复杂的社会与历史分层的沉重感。对每一个片段，我们都可以只欣赏水面上闪光的部分，但是，如果意识到水面深处还有冰山，还有让这个片段漂浮起来的错综复杂的先例，我们的理解就可以增加一个新的层面。我们观看鲍什作品的时候，既从我们自己的既往历史和现状出发，也囿于作品所体现的表演历史背景。舞蹈剧场的形成源于表演历史上的多样性影响，而不是某种特定表演实践的进一步发展。舞蹈剧场的形成过程有着与其他流派的本质区别，这是由鲍什自己充满活力的生活和创作发展经历造成的。鲍什承载着舞蹈剧场的发展历史，作品就是这个历史不间断的映像。

2009年鲍什去世之后，剧团在世界各地巡演，继续上演保留剧目，鲍什的影响也越来越大。剧团最近决定，在继续积极上演鲍什作品，致力于继承发展鲍什遗产的同时，上演其他编舞家的作品。此后，巴黎歌剧院芭蕾舞团上演了几部鲍什以传统芭蕾舞为基础的作品（格鲁克作品和《春之祭》），《春之祭》是鲍什还在世的时候，剧团与法国同行一起改编的。许多作品的上演是鲍什作品回顾展的一部分，会有专题讨论会，探讨作品如何在广义上成为舞蹈与戏剧传统的一部分，鲍什的遗产被注入活力，鲍什的成就更加广为人知。

除了作品的演出之外，鲍什去世之后，乌帕塔尔舞蹈剧场立即成立了皮娜·鲍什基金会，专门研究和致力于保护她的艺术遗产。乌帕塔尔是鲍什长期居住的地方，他们在这个城市的郊外建立了一个研究机构，完整保存了鲍什创作生涯的相关文件以及其他形式的档案。该机构还为到访的艺术家提供相聚和创作新作品的场所。下一步，他们会致力于利用电子媒介和电子传播手段，为场外创作提供资料。剧团的巡演和录像资料将鲍什作品带到世界各地，产生了巨大影响，这固然重要，但是作为创始人的主创编导离去之后，他们的直接影响会逐渐减弱，很难维持原状的表演团体如何在某种意义上保持创始人的存在感，在这方面皮娜·鲍什基金会有独创的一面。当然，这些问题从来不是可以轻易确定或者解决的，但是乌帕塔尔舞蹈剧场在第一时间处理有关鲍什艺术遗产的问题，他们的努力增强了鲍什在国际表演界的影响力，为舞蹈和戏剧艺术家将来处理相类似的问题提供了可以借鉴的模式。

境

不言而喻

每当我对表演艺术界的人提起，我在研究皮娜·鲍什，写一本有关她的书，他们第一个问题就是：她是如何做到这一切的？准确描述她的所作所为确实不容易，但是有些东西是戏剧和舞蹈艺术家可以看得到的。他们在她的作品里看到一些与众不同的东西，一些带有煽动性的东西，微妙地改变了表演实践的范畴。尽管如此，这个问题挥之不去："她是如何做到的？"

很多有独创性的艺术家苦心经营多年，形成某种方法，某种创作体系，然后，通常会用毕生精力，通过写作来提炼创作研发的过程。尝试把自己的想法诉诸笔端，会迫使你将这些想法具体化，或许还会形成一些有用的资源，以便他人在建立自己的工作方法时加以吸收利用。

可是，皮娜·鲍什非常刻意地不去谈论自己的作品，更不要说写下什么了。即便是在年轻的时候，她也会为了避免说话而求助于舞蹈。"我喜欢跳舞，因为我害怕说话。动起来的时候，我就会有感觉。"（转引自 Lawson 2000：18）早年怕说话的感觉与她后来的担心可能是一脉相承的，担心过多的议论会束缚对演出的理解，失去她所追求的开放性解读。她希望观众将自己的想法、身世与关系带到作品里。

作品表现在舞台上，而找到作品表现形式的工作是在排练场进行的。舞台表演的动态可以产生即时直观的表现，相对而言，文字仅仅是麻烦而且不能令人满意的替代品。不久之前，在试图解释她是如何开始创作的时候，鲍什表示：

> 我想表达一些我用文字完全无法表达的东西。有时候我会迫切地想说些什么，但不是口头上说。是一些感觉，或者是我从来没有找到答案的问题。我想说的东西是大家都能感受得到的，是以相类似的（情感）语言，让我们难以忘怀。我也是观众的一员。我看到了，就会有感觉。我只能从自己的直觉出发。当我信赖自己的感觉时，我相信这不仅仅是我的感觉。其他人跟我有同样的感觉。
>
> （Bausch 2004a，作者译：9）

这种情感共享发生在现场演出中，她愿意让作品不言而喻。在斯坦福大学，她本来是应邀做系列讲座的，然而她对听众解释道："我的话不多，因为我试图通过在舞台上的作品来表达我要说的。"（转引自Manuel 1999：n.p.）接着她让她的舞蹈演员演出作品的小段节选，以表演作为她的讲座形式。她最喜欢的一则逸事是关于贝多芬的。演奏完一段他的钢琴作品之后，有人问贝多芬，他的作品是什么意思，贝多芬转身回到钢琴跟前，再次演奏了这段乐曲。她对自己作品的演出也说过类似的话。"跳完《春之祭》之后，我们没有更多可说的了。要说的都在我们的舞蹈里面。《春之祭》，作为一部作品，就是这样！"（Bausch 1985：19）

尽管寡言少语，鲍什还是有话说的，说起创作的艰辛，如何完善工作方法，在这个过程中人的重要性，人的所有悲伤脆弱之美，她会变得能言善辩。为了体现观点的感情色彩，即使是描述鲍什如何不愿意说话时，我还是尽量用她自己的话来表述。当然，要理解鲍什的艺术创作，无论是单个作品还是全部作品，最佳途径是通过她的生活经历。不过，我希望我们可以从鲍什关于作品，尤其是关于创作过程的言论里，获得更深的理解，也就是那个不断被提起的问题：她是怎么做到的。

本书所从属的丛书有一个模式，要用一个章节来概述相关表演艺术家撰写的文献。鲍什没有著作，也没有写文章，我们甚至没有讲座可以利用，分析她的思想会比较困难。不过，她接受过很多采访，有德语的，也有英语的。在采访中她清晰地阐述了作品错综复杂的创作过程。在这一章里，我尽量让鲍什自述，其中包括 1987 年在柏林一次公开论坛上接受露特·贝格豪斯（Ruth Berghaus）采访时的笔录，访谈笔录此前从未发表过。鲍什自己的话构成了她的创作方法，帮助我们了解其必要性和影响力。

提问的方法

在早期访谈中，鲍什经常会被问到，她是如何构思作品的。你几乎可以感觉到采访者的迫切心情，他们想听到某种实施方案，希望鲍什像她之前的很多现代舞先驱那样，在回答问题时给一个明确说法，解释她是如何对待处于时空中的舞者身躯的。

鲍什向我们透露的，最接近某种方法论的就是提问的方法。在创作《蓝胡子》，以及后来与话剧和舞蹈演员一起创作《麦克白》的过程中，鲍什经历了重新界定舞蹈形式的关键时期，描述这个时期所形成的创作步骤时，鲍什说道：

> 我与四位舞蹈演员在扬·米纳里克的小工作室进入静修状态，然后我们开始工作，就那么几个人。后来其他人开始自愿加入——不过，除非是他们自愿的；我不想要任何没有准备好投入工作的人。在这个过程中，我开始提问，在这个圈子里制定我自己的问题——提问本身对于我来说，也是自我质疑，对其他人也是如此。只有在一个小圈子里，我才敢这样做。在波鸿市（创作《麦克白》）的时候，这个方法变得非常清晰了。在那里我们有四个舞蹈演员，四个话剧演员，一个歌手——舞者没有跳舞，演员没有演戏，歌手也没有唱歌。我想好了要用《麦克白》作为作品的依据。这是一个方法，看我们如何在一起解决问题——我不能就这样带着完整的动作序列到场。对于这个工作方法的发明来说，这部作品具有重大意义。
>
> （Bausch 1995：36）

在这段时间里，鲍什找到了一种工作方法，此后的三十年间里，她不断提炼这种方法，但是创新的努力一直没有松懈。刚开始排练的时候，面对空荡荡的舞台，总是很困难；构思出处理作品的方法，事情未必就会变得更加容易；而她得到的赞誉，也未必能让她在新作品创作之初摆脱困扰着她的疑虑。

> 没有什么能帮我。我曾经做过的也没用。那已经做完了。每一次，你都是初学者。其实，我想放弃，但是我没有……说起来挺复杂的。做事需要那么大的勇气，而我又是那么脆弱。这是让人动感情的事情。我几乎睡不着，想方设法去睡，还是不行。我想得太多了。就好像我的头脑在妨碍我。看起来很简单，但是让我给弄得那么复杂。一部作品创作完毕之后，感觉会更差。到了一定程度，我就想："这是最后一次了。我再也不干了。"可是，过后你又想："我不应该在这个时候停下来。应该马上做一部新作品。"内心深处，我会有各种极端的想法。挺可怕的，很恐怖，你不断往下沉，往下沉，但是无法放弃，因为舞蹈演员总是在那里，他们期望你做出点什么。

> （转引自 Lawson 2000：19）

面对创作中的可能性，陷入恶性循环的时候，多数编舞者所能紧紧抓住的，就是动作的创作方法。如果到了感到不堪重负的关头，你总是可以回到基本要素，创作出动作形式，让这个来推动你前进。采访者会逼问鲍什，让她定义自己创作动作的方法，阐明所谓"鲍什技术"。

鲍什似乎并不明白这个问题，或者至少是对这个问题不感兴趣。她所感兴趣并不断谈到的是人。定义她创作生涯的陈述是："我在乎的不是他们如何动，而是他们为何而动。"（转引自 Schmidt 1984：15—16）除此之外，她的早期访谈中充满了有关人的重要性的陈述，还有与人的古怪个性、弱点和需求打交道的难处。而人与个性正是鲍什创作方法的基础所在。鲍什的早期创作，以及她对这段创作所作的零星描述，都强调小组参与的流程以及个人对作品的投入。在试图将她的一些方法纳入我的表演作品时，我也一再问自己："我怎么才能做到像她一样？"这个问题的答案可以归结为重视与其他人的精诚合作，与他们建立起相互表达、相互袒露与相互信任的关系。

演员对创作过程的贡献比演出的质量更加重要，而客观质量是无关紧要的。鲍什很早就说过："我挑选舞蹈演员是挑人。不是挑他们的优美体型，挑同样身高的人，或者其他什么的。我寻找的是人……是个性。"（Bausch 1985：14）每一位舞者在表演中展现了自己的个性，这不仅表现在赋予动作独特的能量，而且体现在作品的特性，正是这些个性化的材料，显示出作品的内在情感。"每个舞者以不同的方式显示了自己的重要性。每个人有他自己的舞，有他自己跳舞的方式。编导不仅仅是编舞，而且要了解我们都会有的情感，以及我们是如何体验这种情感的。最好是能看见这些体验。"（转引自 Manuel 1999：n.p.）

每一位演员在创作过程中的投入，是作品深度与普遍性之所在，但是这也意味着要应付人们多变的反应与行为："我与人打交道，包括他们所有的复杂性与挫折感。他们有个人问题，会嫉妒。我的剧团里有各种各样的人，他们渴望得到爱，非常敏感。每天你都要保持剧团的活力，探索并找到某种和谐。每天都有新发现。"但这并不意味着，她期望她的舞蹈演员向她敞开心扉，袒露自己的私生活。"我很害怕这样做的人。"她说的时候做了一个掏心的手势。"我喜欢

不容易敞开心扉的人。否则就没什么特别的了。"（转引自 Mackrell 1999：C1）

鲍什强调排练中温和与尊重的重要性，目的是营造可以袒露内心世界的环境，也因为一部作品的形成需要有善意。她跟其他人一样亲自参与到微妙的个人建构中，她能够这样做，舞蹈演员们也会心生敬意。按照现成的技术开展工作，可能会是一种方法，能够启动创作流程，但往往也会是一道屏障，一个可以在后面躲起来的结构，让我们不去面对在解决她提出的问题时出现的天然脆弱。鲍什这样解释他们在创作作品时的做法：

> 我并没有一定的技术。假如我知道有更好的方法去创作作品，我会那样做的。这并不是一个原则问题。重要的是，创作基于信任，在某种意义上，作品的源泉是舞蹈演员在私下里提供的素材。我在工作中提出过那么多问题，但是现在一个都想不起来了。演员需要信任我，才能给我真心的答案——在小组里，当着所有人的面。他们要相信，我会用他们的答案，会非常慎重地去做，这样我才有提问的自由，什么都可以问。每个人都有同等机会为作品做出贡献，有时某个人会突然变得比较重要，在另外一个作品会是其他人。有人做了傻事的时候，我们都会笑。反正我们经常会笑。说到底，就是为了找到合适的素材。也有的时候，排练中得到一些片段，我尝试着拿这些片段做点什么，这时演员要对我很有耐心。在这种时候，我深入细致，非常挑剔，会做出极其

愚蠢的事情。我会穷尽所有可能，但还可能找不到合适的做法。突然，我不再相信我的想法，或者我的计划，只相信我所看到的。就这么简单。有时候，我认为我一直在问些错误的问题。冥冥中，我知道创作思路该往哪儿走。我不能准确地说出来，但是假如你为这个思路找到了某种形式，你就会知道这是合适的。

（Bausch 2004a，作者译：5—6）

鲍什强调她所做的仅仅是提问而已，然后就是观察。当然，即便是这些貌似简单的事情，也有很多讲究，而且这里面还有一个层面，不是问什么，而是问的是谁。她对演员精挑细选，努力在身边形成有凝聚力的群体，并根据这个群体的成员确定集体表达的色调。她的早期作品，尤其是自《蓝胡子》开始，从以舞蹈为中心，转向依据创作过程的作品，反映了这方面的关注。

鲍什是领导者，但是作品能够运作起来则有赖于整个舞团的努力。鲍什舞团挖掘集体的创作能量，既为其他剧团提供了创作模式，也与很多采取同样创作模式的剧团遥相呼应，这些剧团多数从事戏剧创作，从合拍剧团到伍斯特小组，从强制娱乐剧团到 SITI 剧团。群体创作的理念和发展性创作方法成为推动力，像一股旋风将剧团成员卷入其中。正如鲍什舞团的一位舞蹈演员所说：

你知道吗，我既爱她，也恨她。她非凡卓越，但也会对人逼之过甚。有时候，她似乎不在意你不过是个凡人，你能够做的也只有这么多了。其他一些时候，她能给你无法想象的最大的关爱。最后，我走了，但是又不得不回来。作为一个舞蹈演员，在别的地方我是得不到这种体验的。

（转引自 Bausch 1985：17）

成功之道

　　一旦鲍什在排练厅里有了一群性格各异的演员，所有人都愿意投入创作过程，悬而未决的问题依然是："现在该怎么办？"没有可以利用的技术，没有可以遵循并让演员有所回应的脚本，作品的排练如何开始？正是在这方面，鲍什的解释会让人觉得特别费解。她说到提问，但是这个简单的行为是如何逐渐发展成一部作品的呢？鲍什的多次访谈显示，发挥凝聚作用的是耐心和勇气，敢于不断深入推进一个概念，直至开始出现各种相关的想法。1987年，露特·贝格豪斯在柏林主持的鲍什研讨会，就是围绕创作方法这个基本问题展开的。鲍什在之前的访谈中也描述过这个方法，在这里她更加详细地展示了作品的各个创作阶段。

鲍什访谈

露特·贝格豪斯1987年5月29日于柏林
翻译：埃伦·克里默、罗伊德·克莱门卡
编辑：罗伊德·克利门哈格

　　露特：在我们看到的精彩演出里，各种要素组合在一起，相互产生影响。这种具有非凡表现力的舞蹈调色板是怎样形成的？

皮娜：工作步骤——就是我们怎么把一个作品组合起来——当然发生了很多变化。一开始的时候，我设计好每一个动作，非常具体。是因为担心做不好吧。我想做出好的作品，所以我提前做好周密的计划——他要这样做，她要那样做——然后还有服装、舞台设计，等等。一切都按部就班。然而，在工作的时候，我会突然看到刚刚发生的一些事，让我感兴趣，于是问题就来了：是按照计划走呢，还是跟随我刚刚看到的？我总是跟随新发现，而不是我的计划。我总是想，另外这个想法，我刚刚看到的，可能会更加重要，尽管我并不知道下一步会怎么样。到了一定的时候，我有了不做任何计划的勇气。现在制作新作品的时候，都是用现场产生的素材。我设法跟着感觉走。

我就是观众。只有我自己，没有其他人。我甚至不知道谁会到剧场来——我完全不认识的人。我应该为谁而创作这个作品呢？我只能从我自己开始。我坐在那儿，我就是观众，我感受，我笑，我害怕或者悲伤，或者还有其他各种感受。我只能提供想法，提出建议，但是我起着温度计的作用。

而且，开始的时候我们并不知道下一步会如何处理空间，没有场景，没有音乐，什么都没有，只有我们自己，以及我们的现场反应。过了一阵子，你注意到作品的走向，只有这个时候，你才能问：像这样的情形，可能或者应该发生在什么样的空间。实际上，我们挑选音乐的时候也是这样。我们漫不经心地尝试着各种音乐，然后这些音乐突然就按照我们的设想，各就各位了。音乐有非常特别的地方。在同一个场景里，你选择播放十段不同的音乐，每一段都是一个不同的故事。有时候，我有想用的音乐，但是用不上，因为与作品不合拍。有时候，五年之后，这段音乐又出现了，进了一部合适的作品里。马蒂亚斯·布尔克特是负责音乐的。他问我觉得什么样的音乐可能会合适，然后我们就去找。有时候会很长时间都找不到。服装也是这样的。我们有一大堆东西（多数是二手货），我们不断地试装。有人试这样，有人试那样。但是演员不会带自己的衣服来，我们还不至于那么没有章法。玛丽昂·奇托是负责这件事的，她从 1980 年起就是我的助手。

露特：一场演出的主题出自何处呢？

皮娜：来自内心的感觉。像我之前说过的，我尽量跟着当时的感觉走，从这些感觉中，我找到要向演员提出的问题。全部问题都是我提出来的。上完课之后，我们会聚在一起，我提出一个问题，大家一起思考。问题都很简单，每个人都可以给出一个答案，或者说点儿什么。我们把这些都写下来，或者记在心上。然后会有很多想法添加进来，我所看到的又会给我更多新线索，新想法。所有这些素材，在起步阶段，并不是作品。但是，从中会出现各种不同的小细节，其实跟我正在寻找的东西都有点关系，不过还没有形成清晰的形象或者形式。所以，没有主题——只有展现出来的东西。说到底，我所涉及的都是同样的东西。

观众：恐惧好像是你作品的一个重要主题。你在工作的时候会处于恐惧的状态吗？

皮娜：开始一个新作品总是令人期待的，因为一切都是开放的。可是，不知怎么的，我会——我不知道别人会怎么样，但是我会害怕，或者不得不面对不同的恐惧感。害怕无法做到你想做的，或者担心没办法与其他人打交道。不过那是另外一个话题了。

在排练的时候，我不是只会说好话的人。我根本做不到。通常我说得很少，非常少。当大家不能相互理解的时候，会变得很复杂。你会变得没有安全感，还有一些正在发生的事情，你甚至一句都不能提。在这种时候，你就卡在那里，无法继续进行作品的创作了。

当我完成了一个创作过程，当我说再也没办法继续追求极致了，当我开始下决心从创作中脱身的时候，情况会变得更糟糕。我总是害怕停下来。我愿意不断推进。但是创作过程不能永无休止，因为我们必须结束，我们有最后期限——那就是首场演出。

观众：文本是怎么形成的？

皮娜：文本也来自同样的过程。比如，你们昨天看的那部作品（《1980——皮娜·鲍什的一部作品》），演员们用三个单词描写他们自己的国家。而这又是来自排练的时候，有关身份的一个问题：你是如何成为现在这样的人？有时候这种做法行得通，但是有时候我们必须不断寻找，因为我们开始的想法并不合适。或者，有时过了一阵子，大家演出时说的那些话意思变了；再不然就是，在意大利或者法国，有些词可能会不太常见，于是我们就改了。不过我觉得无论在哪里，对那一刻的描述都是恰当的。

观众：具体的词或者短语是不是演员自己找的——而且不管什么人出演那个角色，台词都不会变？

皮娜：这要看这个片段演出效果如何。通常，一个人的所作所为与他的个性是有关系的。但是每个人都按照某一个人的创作去做，这种情况也会发生。或者我们会对台词作各种尝试，如果对某个人物不再合适了，我们会给另外一个人物。不过在大多数情况下，你们所看见或者听见的，都是由想出这些动作或者台词的人演的。然而，你们在演出中所看到的，实际上仅仅是我们创作出来的素材中的一小部分。排练的时候，我就在看这些素材，马上就放弃了的大概有一半。我会再次琢磨和质疑剩下的那一半。然后我们重复演练这些素材，不是按顺序来，而是一会儿这样，一会儿那样。每个人都要记住所有素材。这样做的效果很好。

过一阵子，我开始更有连贯性地看这些素材，因为这时每个人都能不假思索地表演，我们不需要经常在中间停下来，等大家去思考和记忆。素材变少了，尽管还是太多。我完全不需要的已经去掉。然后我会说：我们来试试把这个和那个结合在一起，看看怎么样。这样我可能会发现对我来说意义重大的小细节。然后我会发现一个不同的切入点。我从来不是从头开始的。我不是从头到尾地去做，而是从小片段开始，慢慢变成大一点的，作品就这样慢慢组合起来，延伸出去。比方说，我有十个已经比较大的部分，还有很多单独的小细节。只有在这个时候，我才能开始考虑，我希望这个作品如何开始。只能是在这个时候。我的方法总是这样。不过这并不代表什么，做事的方法有很多。遗憾的是，我只能这么做。我做起事来一丝不苟。这很糟糕，因为我翻来覆去地折腾，给自己制造困难。太糟糕了。

观众：刚开始创作的时候，你的冲动和动机是什么？你想找到与古典芭蕾舞不一样的东西吗？

皮娜：假如在某个时候我开始做点什么，那是因为我想跳舞。我从来没有想过会创作一部完整的作品，或者成为编舞家。那时我觉得挑战性不够，想根据自己的感觉去做。当时有时间，也有人想加入。于是我们就做起来了。唯一的理由是：跳舞。那个作品就这样创作出来了。我们很开心。而且我必须说，我从来没有想过这必须是芭蕾舞，或者这不能是芭蕾舞。我喜欢按照某种形式去动，当我着手自己去创作的时候，就是按照那个特别的形式去做的。并没有想到要把什么做得更好，或者摈弃什么。我刚到乌帕塔尔的时候，这是个芭蕾舞团。这与做截然不同的事情无关，也不是慢慢地做不一样的事，或者寻找一个平稳过渡。从来不是这样。我只是努力去做我认为自己要做的。

露特：新生事物出现的时候，很多时候是因为不得不这样。创新的重任，各种困难，只有你别无选择的时候，才会承担起来。

观众：开始的时候遇到阻力了吗？

皮娜：完全相反。第一次到乌帕塔尔，是编导要我来的。他有勇气说：来吧，找一些人，找你愿意一起工作的人。我没有这样的勇气。那时我从来没有试过这样做，我只编导过短小的舞蹈小品。我不知道自己行不行。但是他相信我，不断要我来，直到我说："好吧。我来试试。"对于他来说，这是一个大胆的选择，市里面不同意，很多人不同意。我觉得很多人一开始就不喜欢我要做的事。主要是当时的编导，后来还有其他人，让我能够做下去。观众方面有些困难。我是幸运的，因为没有一个编导说过：你不能换　种做法吗？或者做一些像别人做过的？没有人这样跟我说过。我真不知道我会如何应对。

观众：在创作的时候，你能够不顾别人的期望，媒体的压力，以及公众的关注吗？

皮娜：是的。我必须这样。我们总是从零开始。所谓期望之类的，都是愚蠢的陈词滥调。

露特：可是，干你们这一行，总会遇到这些风险的。

皮娜：没错，总是这样。总是被人误解。我无法避免。以前我经常为此而生气。不过现在我已经不在乎了。因为我不再需要解决这些问题了。一旦开始处理这些事儿，你就没时间工作了。真的，不然会耗尽你的时间精力。

观众：你们是如何保持演出质量的？

皮娜：通过演出。有人离开剧团的时候，很难找到人替换。问题是，没有书面的东西。没人有时间去做这个。我们之中没有任何人是负责书面记录的。我们有录像记录，不然有些东西就无法保留了，但是我们只能通过表演来学习，因为作品是在一个表演群体里形成的。所以，我们寄希望于大家在一起，不要忘记，只有这样才能保持演出的质量。

观众：你怎么挑选参加演出的演员呢？

皮娜：通常，每个人都参加演出。只有在两部作品里，我不想和那么多人一起工作。除此之外，舞团里当时有多少人，作品里就有多少人。《春之祭》里人更多，富克旺学校的一些舞蹈演员也加入了演出队伍。如果剧团里有人没有参加作品的制作，那只是因为那个人的日程安排有冲突，或者需要休息一段时间。如果出现这种情况，我会建议他们跳过这个作品，因为我不能让任何人在演出的时候请假。

观众：你雇用一个舞蹈演员的时候，会考虑表演技能吗？

皮娜：在面试的时候，我们会做些正规的经典训练，然后，每个人都从一部作品里学一个舞句，比方说《春之祭》。既便是这样，我已经可以看出很多东西，但是我看不出他们会怎样使用语言，或者任何具体的表演技能。这些方面总是会有意想不到的东西。我从来不会只看他们的舞蹈。当然了，我希望找到一个好的舞蹈演员，同时我更加本能地会挑选有表演气质的演员，而有时候这只能在过后才看得出来。正是因为这些气质，我会说："好的，让我们试试看吧。"

很奇怪的是，我从来没有看走眼过，即使方方面面似乎都对我挑中的演员不利。有时候，团里其他人不明白我为什么会用这个人。我发现这个人有过人之处，而他们却看不到。两年之后，他们也可以看到了。这并不容易。我只能希望，从来不能确定。

我是有好奇心的。我喜欢他们所有人，总能向他们学习。不是知识，而是在其他方面。有时候，我意识到我与他们有些共同之处，但是过去没有认识到。我总是以为我就是这样一个人，然后突然意识到，我在这里有一个小琢面，那里又有另外一个。每一个人都是多彩的，只有当你看到这些色彩突然映射在一个新的人身上，你才会发现自己多彩的一面。我觉得我们都是有所见即有所得。这很重要。

比方说，假如有一个新人，过去跟别的演出团体在一起工作了很长时间，他会以他习惯的方式回答问题。你可以想象，都是些套话。直接回答问题并不是那么容易的。你想尽量以最好的方式回答问题，但是不一定能说出你的真实想法。有时候，要花很长时间，才能放下所有的套话，直接从他们自己的角度回答问题。我注意到，来到我们团体的新演员总是会经历这些匪夷所思的挫折，他们会极其难过，心烦意乱，直到突然间打开心扉，说出内心深处的感受。你不能强求，这是自然而然的。

表现即方法，方法即表现

鲍什的演出方法本质上是描写性的，但是其起点是在表现个人体验时，身体所处的状态。她深入个人体验，找出具有普遍性的潜在行为方式。她挖掘日常生活的欢乐与恐惧、挫折与困惑，寻找隐藏在这些情感里的真相，这个真相是积极沟通的过程，而对每一位观众而言，这因人而异。

无论是过去还是现在，在加入舞团的时候，多数剧团成员都已经有过扎实的舞蹈训练，大多是古典芭蕾舞技术。尽管鲍什关注的是动作之外的人，最初的试演过程还是围绕动作质量展开的。有些人比较容易习惯新的工作方法，有些还要经过努力，才能放下有关舞蹈应该是怎么样的固有观念。正如鲍什所说："要明白我说的话，你必须相信舞蹈是技巧之外的东西。我们忘记了动作是怎么来的。动作源自生活。创作一部新作的时候，出发点必须是当代生活——不是现有的舞蹈形式。"（Bausch 1989：91）

即使从这段陈述出发，也可以想象出一种侧重个人表达，以动作为中心的技术。而这正是玛丽·魏格曼艺术生涯的追求。从魏格曼表现主义舞蹈体系转向鲍什的代表性作品，需要从不同的出发点，重新定义舞蹈潜在的可能性。鲍什问道："舞蹈到底是什么？首先，舞蹈不仅是某种风格，跳舞有那么多各种各样的风格、文化和理由；我们不能只把某种现代

图 2.1 　《康乃馨》（1982），贝蒂娜·施特贝摄

舞或者芭蕾舞技术称为舞蹈，或者说这是舞蹈，这不是舞蹈。我对什么是舞蹈的看法，比别人要宽泛得多。"（Bausch 1992：16）

对鲍什而言，舞蹈所面对的是行为与形体表现，是关注生活本身的行为结构，而不是以技术为媒介，从舒适的距离创作出来的模拟生活。舞蹈一向关注形体表现的各种可能性，但是将形体表现扩展到包含我们通过形体与文化代码的关系来进行自我定义的方法，则是前所未有的。舞者在舞台上的身体不再受到现有技术规则的限制，每个人可以自由表现出与自己创造的世界之间的形体关系。

结 构

鲍什在乌帕塔尔舞蹈剧场的早期创作，建立在传统的舞蹈构建原则上，这也反映在排练当中，舞蹈演员在排练的时候从编导那里学会一系列复杂的动作。从《春之祭》与两部格鲁克歌剧《伊菲姬尼》和《奥菲欧》开始，出现了个人参与的各种可能性，但是，作品的编排模式依然是将舞蹈视为一系列的动作组成。正如我们在第一部分所见，《蓝胡子》是新的表现手法的突破点，作品是通过新的排练和创作过程产生的。剧团成员露丝·阿马兰特（Ruth Amarante）解释道："我觉得是从《蓝胡子》开始的。她开始向剧团成员提问，没有限制每个人回答问题的方式。你可以用动作形式回答，可以通过说话，或者做任何你刚好想做的事。"（转引自 Fernandes 2001：111）问题让演员联系到自己的经历，大家在排练中慢慢找到讨论中的概念或情感的基本运作原则。我们如何体验爱、失落、残忍、同情、温柔，等等。排练中的每一个表演片段都可能成为进一步探索的途径。

提出的问题让演员看到，他们是如何被个人经历所造就，如何体验与他人建立沟通的个人感受。阿马兰特接着说："很多问题是关于在我们自己的国家是怎么样的，一些与文化相关的具体问题；我们的童年是怎么样的……我们生活中重要的人，我们的老师……"（转引自 Fernandes 2001：113）

让提问的过程成为作品结构的基础，是因为鲍什对自己和剧团的信心不断增强，相信自己有能力以间接的方式切入创作素材。鲍什是这样解释的："（一开始）我想把所有东西都准备好，因为我害怕。我怕有人会问我：'我该做什么呢？'而我不得不说'我不知道'。"（转引自 Manuel 1999：n.p.）但是最终她能够撒开手，放弃那些事先准备好的结构，开辟新的路径去探索生活经历。"心诚事则成。我们在那儿，我和剧团，生活也在那儿。然后我们要做什么？我们谈论生活与爱。"（转引自 Manuel 1999：n.p.）

这时，鲍什能够将排练的重点放在提问上，目的明确的基本问题，留出时间让演员们用语言、动作，或者一段表演来回答问题。"你是怎么哭的？"这是一个简单的问题，但提问方式不是建立在我们预料中的即兴戏剧表演的基础上。不是伴随着揭示心理状态的"你为什么哭？"，而是更加难以捉摸的"怎样哭？"。鲍什寻找的是，每个人是如何控制自己的情感表达的，这种表达方式是怎样栖息在他们身上的。她运用戏剧表演的工具，重新关注可以产生解读的基本设想，她问的不仅是打动了我们的是什么，而且是在更加具体的层面上，作为演员，作为生活在社会里的普通人，我们是如何与相关问题产生关联的。她对表演方法本身也会提出质疑，不断对表演方式进行重新思考，揭示我们是如何介入到演出过程中的。

有人问鲍什，她的作品创作是如何开始的，她与剧团成员所收集到的各种经历是不是都能在完成的作品中找到落脚之处，鲍什的回答是：

> 我只能做得非常开放。我不会给出一种意见。人之间是有冲突的，但是可以从冲突双方，从各种角度去看。我不知道作品来自何方。即便如此，有些东西也已经露出端倪。不是一幅画，不是一个结构，而是跟你那段时间的生活有些关系，你的愿望，你感到恐惧的东西。
>
> （转引自 Hoffman 1994：12）

她说，作品成型的早期阶段"是没有掩饰的，非常敏感。演员必须对我有耐心，努力跟上我的想法"（转引自 Hoffman 1994：12）。现代舞的创作模式是，一个有魅力的领军人物有自成一体的技术，人们在创作中对其进行诠释；芭蕾舞的模式则是一个稳定的表达体系，后续的每一代人对其进行重新诠释。在鲍什的创作中，这些模式都被动摇了，取而代之的是高度合作的努力，所有人都将自己的经历体验贡献给作品的隐喻建构。

排练过程所体现的提问与探索模式，所依据的基本设想是：将注意力集中在经历体验上，作为我们与社会沟通的途径；优先考虑过程，而不是结果，优先考虑内容而不是技术。提出问题，是为了让大家袒露自己的经历和感受，而不是为了形成表达这些经历和感受的途径。如何表达是在表演中得到展示的。我们如何存在于舞台上，如何运用舞台探讨我们在人世间的生存？

雷蒙·奥格（Raimond Hoghe）与鲍什讨论她在排练中的角色：

> 排练的时候，皮娜·鲍什在一边观察。她很少给演员讲解。"我不想剥夺你的想法。"她会说。她鼓励每个人发挥自己的想象力，回归自我，敢于尝试不同寻常的思维方式。"要敢于放开思路。"
>
> （Hoghe 1980：67）

传统的做法是将设计好的模式，精心移植到一个有才能的演员身上，相对而言，鲍什的创作过程效率并不是那么高——这是要耗费时间的。鲍什给她的舞蹈演员充分的时间，探索由她发起的提问与自我提问，找到他们自己的答案。

> 她专心致志，不动声色地跟随着团体的探索过程，他们的联想、建议、各个人的故事。"我所做的是——观察。"她说，"可能仅此而已。我一直在做的事情，只是观察人。我所看到的只是人际关系，再不然就是试图看见和讨论这些关系。这是我感兴趣的。我不知道还有什么比这更加重要。"
>
> （Hoghe 1980：68）

鲍什激起了剧团舞蹈演员探索的热情，然后就退后一步，观察与编辑，稍微深入推进一下，最后寻找一条线索，让最终的演出围绕这个线索成为一个整体。

鲍什是这样描述排练开始阶段的：

> 我发现迈出第一步非常困难，因为……因为我知道他们，舞蹈演员们，会期望我告诉他们，我想要的是什么。于是我就慌了，想到要告诉他们，我就害怕，因为我的想法经常是模糊的。其实，我知道我总是可以说："情况是这样的——我脑子里现在有一两个特别的想法。"我甚至可以找到一些词儿去描述这个想法，然后我会说："好吧。就这样吧，我们就从这儿开始吧。看看后面会怎么样。"
>
> （转引自 Servos 2003，作者译：309）

最初的想法来自编舞者和舞者对生活，对他们身边事的回应，不仅是时事新闻，还有他们自己的生活处境和与他人的关系。作品从一个问题开始。施密特问鲍什："提出问题，这是不是成为每部作品的出发点了呢？"鲍什答道："是啊。作品总是从提问开始。每个人都认真思考，给出一个答案。有时候会涉及如何措辞的问题，或者其他各种问题。于是我们就看一下这些问题……"施密特问："……这么说，作品不是从一个动作开始，而是从某种意识状态开始，来自头脑，而不是来自双腿？"鲍什解释说：

> 舞步从来都来自别的地方，从来不是来自双腿。我们也要改进动作——我们一般是在讨论问题的间隙去做这个。而且我们常常编一些小的舞

句，记在脑子里。早期因为担心或者心慌，我可能会以一个动作开始，躲避问题。现在我从问题开始。

（Bausch 1983b：14）

鲍什一边观察一边把所有东西都写下来。一开始，如果鲍什想把一些片段拿出来进一步研究，演员就要靠这些潦草的笔记来回忆这些片段，但是现在所有东西都有录像了。于是鲍什就跟演员们一起观看录像，进行点评，让他们重复一个片段，或者将这个片段与排练过程中出现的另一个片段连起来。整个过程不可思议地费时费力，第一阶段的探索和收集资料就要三个月或者更长时间。在收集资料的过程中，鲍什也会让演员学习一些她提供的舞蹈动作形式，或者让演员想出一些从舞蹈动作生成的具体素材。排练动作的日子夹杂着记录整理问题和回答的工作，直到既有共同的形体语言基础，又收集到针对个人经历问题的非常丰富的个人回应。

在描述《唯有你》整个创作过程和排练之前的探索阶段时，鲍什评论道：

这几周的时间里，我们所做的就像是找素材，只是素材。这些素材里，我可能会用到百分之五，我会修改，会换一种做法。然后，我们开始研究作品了。但是首先我要创作一些可用的素材。

（转引自 Williams 1997：76）

剧团资深成员多米尼克·默西接着说：

她开始提问。比如在一个作品里，她说："告诉我你昨天晚上吃的是什么。"问题也可以是有关圣诞节的，或者悲伤或生气的六种不同表现。当然了，时间一长，因为这个过程会持续相当一段时间，问题会变得更加复杂。每一次提问都与你自己的经历有关。即便是取自身外之物，问的也是你观察的视角。在舞台上的是你自己。

（转引自 Williams 1997：76）

被问到对所有问题的回答是怎样拼成一个作品的，鲍什答道：

一开始什么都拼不到一块儿，所以你要不断地进一步寻找，进一步收集素材。当然，在这个阶段，我还做其他事情。我把所有东西都记下来，舞蹈演员也要做笔记，把他们所做的都记下来，这样我才能回头再跟他们谈，然后我开始整理这些素材……这时你必须保持清醒、敏感、善于接纳；其实并没有什么系统。

（Bausch 1995：36）

那么这一切如何成为一部舞蹈作品呢？如何削减海量素材，放入一个具有连贯性的结构呢？还有，为什么这个拼贴结构能够被称为舞蹈呢？鲍什补充说：

最终那就是作品了——你用这些素材来做出来的东西。毕竟，一开始什么都不是，只是一些人通过表演来回答问题——句子、小品。起初所有东西都是各自分开的。在某个节点，我把一些我认为可行的东西，跟别的东西组合在一起。这个跟那个，那个跟其他的。某一样东西跟其他各种各样的东西组合。然后，当我又发现行之有效的东西时，我手上的材料已经是稍微扩容一点点了。然后，我又从完全不同的角度去做。开始的时候真的很小，渐渐的就变大了。

（Bausch 1982a：235）

这就成为鲍什版本的编舞：在排练中提出的所有问题都指向某个基本主题或者中心思想，通过排练对这些问题做出回应，将在这个过程所获得的各种要素编排成再现情感的连续片段，最后成为一个完整的，能够有效揭示作品核心的精心制作。作品展开的方式，反映了其创作的状态，舞者不再是被客观化的做动作的人，编舞被重新定位，不再是对舞步进行排序，而是反映作品的总体状况，舞者在演出中固有的形体参与也成为编舞的一部分。作品的结构要素成为主要焦点，尽管未必是启动创作过程的初始印象。鲍什解释说：

我有很多素材，我还不知道这些素材会变成什么。然后，渐渐地，我开始知道作品需要从何开始。之前我们一直在做的，通常是一大堆乱七八糟的东西——与最后做出来的作品相关的，非常混乱的一大堆东西，素材。在一段时间里，我完全是束手无策的。然后我越做越多，越做越多。突然间，我有一些行之有效的东西了，于是我可以开始构思作品了。我问自己：应该如何从这一点继续发展下去呢？我开始组织材料，我从中间开始。我要去掉那些不合适的，哪怕那是我喜欢的，因为作品在朝另外一个方向发展。或者因为我看见演员做了一些新的、有意思的事情，我就将作品的方向朝那边转移。有时候作品会走向完全不同的方向，于是我又要找新的素材。在排练的时候，某个演员突然表现得那么优美，那么恰到好处，我只能给这个想法一个机会，把它用起来。

（Bausch 1985：18）

结构的完整性来自舞蹈规范，而各个片段则来自剧场。这是对传统作品构成的倒置，例如，剧情芭蕾舞是用以动作为依据的语言来讲述一个戏剧故事。相对而言，我们利用具有戏剧现场感的片段，通过舞蹈构建规范将这些片段组合起来。

我们的工作是各种要素的混合。我不知道是什么。他们跳舞，有人说话，其他人唱歌。我们也用话剧演员。我们在作品里也会用到音乐演奏者。实际上就是剧场。对我们来说，舞台——布景道具——也是很重要的。我们不是在随便一个房间，一个空间里跳舞。在哪里跳，地点、动作场地的氛围，这些对我的作品都很重要。

（Bausch 1985：19）

作品结构以舞蹈者的个人投入为基础，而不是建立在舞蹈者的形体之上，将其视为实施动作的空洞躯体。经过演员如此投入的追问与创作，作品最终所体现的，必然不仅仅是鲍什的生活，还有她所借鉴的演员的个人视角。作品结构的基础，一是对我们的生活以及我们与外部世界关系的调查研究，二是深入编舞家和舞蹈演员内心的调查研究，并将其公之于众。但是做到如此深度的个人介入，往往不是一件容易的事情。诚如鲍什所解释的：

> 舞蹈演员回答问题的时候，总是愿意跟我问的稍微有些不同。他们在逃避这个问题。所以，我提问的时候，不会开门见山，因为他们会感到难为情。这是一个非常微妙的过程。
>
> （Bausch 2004b，作者译：11）

将注意力集中于更加普遍的动机冲动，并将其作为作品的基础，可以避免放任地将整个过程的重点放在某些特定演员身上。被问到她想揭示的是她自己的内心，还是舞蹈演员的内心，鲍什回答说：

> 都不是。我想找到有关我们大家的东西。有时候你必须解释某些词的时候，会变得很好笑。如果有人问这个在西班牙语是什么意思，在解释的时候，你有时候会发现你真正想知道的。
>
> （Bausch 2004b，作者译：11）

克里斯托夫·鲍恩问鲍什，直接跟观众谈论他们自己的疑难问题，这是否会成为 20 世纪后期表演界的一个潮流，但是她对这个推测从根本上提出了异议。

> 我们所做的依然是抽象的。这不是一件私人
> 的事情，有些感情是属于我们所有人的。假如你
> 说心里话，这真不是私人的情感，因为我们都知
> 道这些情感。我们都有相同的欲望，我们都会害怕。
> 会有区别——味道、滋味会不一样。但是我们都
> 是在一起的，我在作品里所赞美的就是这种丰富
> 多彩——我们所有人的各种可能性。
>
> （Bausch 1999：11A）

鲍什在排练开始时提出的每一个问题，都经过自然淘汰，留下的问题都是与演员所关心和为之努力的事情息息相关的。如果鲍什很多作品最终主要是关注人际关系，那是因为这是剧团舞蹈演员和她自己最关心的问题。她的作品长期以来广受欢迎，说明人际关系也是她的观众所最关心的。每一个演出片段所反映的，都是我们与他人、与生活的关系，而不是规划好的技术或动作方式。作品内容是生成演出中所有其他要素的基础。

存在感——作品的核心

虽然鲍什在排练中提出的问题倾向于普遍经验，其核心还是在个人经验。鲍什问她的舞蹈演员："你们对____有什么体验？"留空的地方代表正在排练的作品所特有的主题。

由于有关经历体验的问题提出来的时候，心目中有具体

的人，回答问题的也是这些具体的人，演员与角色相匹配从来不是问题。在一定程度上，这也是鲍什的演员有坚定信念的原因：他们不是在扮演角色，尽管他们也会关注表演的概念，他们是在演自己。在舞台上，也会有"做自己"的提醒。比如，在演出的时候，演员都用真实姓名相互称呼。当然，这并不是说我们在舞台上所见的真是这些人。他们是在表演，在表演中进入为自己创作的角色，这样做的同时，他们也对角色扮演这个概念提出质疑与探索。

剧团人员更换，而保留剧目里还有以前的作品，于是新演员承担起别人创作的角色。在这个时候，上面提到的角色扮演概念变得格外清晰，也进一步复杂化。根据露丝·阿马兰特的解释，承担他人角色的过程是以规范练习开始的，然而，由于作品产生于具有高度体验性的创作过程，规范的界限很快就崩溃了，新演员获得自己的表演体验，个体再次得到彰显。她这样描述自己出演《1980》的经历：

> 我是在作品完成很久之后加入演出的。我是说，我在演别人的角色。所以，一开始的时候中规中矩。你必须掌握正确的节奏，必须小心不要妨碍其他人，必须在准确的时间拿到椅子，必须按要求做动作——在同一个时间里有很多事要做……过了一段时间，你开始放松，然后就有感觉了；表演开始有自己的生命了。
>
> （转引自 Fernandes 2001：114）

这种在长期上演的节目里替换角色的做法，跟传统做法不一样。不是演员作为他人将自己投射到角色中，使角色成为自己的，而是舞蹈片段形成的原本历史发生变化，进而容纳了新演员。在一个片段里，阿马兰特替换原来的演员，描述童年时与父亲在一起的情境，她解释说：

> 这是她的经历，但是我拿过来变成自己的了。于是，就好像这就是我的经历。我父亲也在很久之前就去世了，所以这段经历与失去一位亲密、亲爱的人有紧密的关联。这并不是遥不可及的。我就是这样体现了另外一个人的角色。
>
> （转引自 Fernandes 2001：115）

一个片段在情感方面的底层结构与当前的演员建立起关系，以她的身体感受得到表达。底层情感结构从无形变成有形，体现在当前的片段中。

排练的时候，舞蹈演员们尽量把自己的经历塑造成表演片段，鲍什随后会对这些片段进行情境重构，重新安排，直到有些内容凝聚成最终的作品。剧团最老资格的成员之一，多米尼克·默西说："她希望我们尽量真诚、简单。"（转引自 Daly 1996：10）被问到在《唯有你》中，舞蹈演员所参加和观看的各种活动，是如何转化成一部有关美国的作品时，默西继续说道：

> 美国这部受委托的作品不能从表面上去理解，或者当作是写实性的。作品的意义比偶然闪现的美国意象要大得多。在那些具体经历背后，有一些重要的东西，针对的是更大范围的人际关系问题。
>
> （转引自 Daly 1996：20）

作品始于又重新回到核心的动机冲动，而这往往是一种感觉，从个人角度体验的一个印象。早期作品以外部资源为基础，承载作品试图容纳的内在情感，而在鲍什再造舞蹈形式的激情年代，作品以更加开放的形式探讨情感状态。这些作品关注体验的节奏，关注在人世间的生存之道，将注意力指向情感体验的基本层面。"这里有感觉，"她双手抱着肚子说，"但是没有语言，没有图像。我必须找到一个途径，揭示我所感觉到的东西。我不做计划，总是开放的。有些东西会突然冒出来。挺吓人的。"（转引自 Mackrell 1999：C1）

鲍什全部作品放在一起，可以被视为一个整体，一个努力发现我们是如何在这个世界上安身立命的持续过程。正如鲍什所说：

> 我为爱而奋斗，我又一次为爱而奋斗。我知道我想说什么，在内心深处我是知道的，在我心里头。但是我有一种感觉，我还没有全部找到我要说的。有时候，会有一些瞬间，我有所感觉，这时我就知道："就是它了，这就是我真正想说的。"但这还是非常小的一部分。
>
> （转引自 Schmidt 1990：43）

每一个片段都要经过深入推进，与内在情感建立起隐喻关联。我们获得了接触到自己的感情结构的机会，因为这是包含在自我存在中的。但是通往情感领域的道路，是源自剧团个体经历的开放隐喻。鲍什解释道：

图 2.2 《咏叹调》（1979），贝蒂娜·施特贝摄

我觉得，我们要避免直白的东西，这才行得通，避开所有我们一看见就知道是什么意思的。我们会想，哦，这是那个事物的符号：你的头脑是知道的。但是如果我们避开这个，假如观众可以不受限制去体验或者去感受，我想，那就有可能会有另外一种语言。这不仅是编舞，对于我来说，舞台是重要的，空间、时间、音乐、有个性的人；一切都要汇集在一起。问题不仅是"你为什么不跳舞？你为什么这么做？"。其实，这是因为我所感兴趣的，是我想表达的某种情感，只能意会不可言传。

（Bausch 1992：15）

寻找表达方式的结果，是在排练中形成的各个片段，全部建立在作品核心要点的各种变调之上。有人问：是否所有这些片段的总和就是她所要的情感，鲍什的回答是：

没错，但是这个总和不应该是"她做这个的时候在想什么"，这不是智力层面的，而是另外一个层面，是一种感觉——是一种非常精确的感觉；不是某种模糊的感觉，而是绝对精确的。如果你这样做，而不是那样做，一切都会不一样。

（Bausch 1992：15）

排练时创作的片段，在演出的时候以某种方式形成一个整体，这种方式决定了作品情感的底层结构，观众从自己的经历出发对作品进行解读，而他们的经历此时也被赋予具体形式。作品对每一位观众而言都是独特的，尽管各个演出片段所容纳的基本结构有相当大的重叠面。鲍什在排练伊始所提出的问题，披露的就是这个重叠面。

相互寻找

鲍什作品是开放式的隐喻结构，将我们与自己在这个世界安身立命的基础紧密联系起来。通过提问方法与聚焦个人经历，鲍什建立了开放型的连接点，与更具普遍意义的情感结构相通。这相当于一种全新的观察世界的方式，开辟了我们与外部世界相通的新路径。正如鲍什所说：

> 我认为面对现实是重要的，因为我们经常忘记去观察。我们的排练工作室夹在色情偷窥表演和麦当劳中间，我去工作室的时候，有个公交车站，有那么多形色忧郁的人站在那儿。这就是我们的入口——我们创作作品肯定就像做魔术一样。
>
> （Bausch 2004a，作者译：10）

情感揭示的过程从一开始就已经存在于鲍什的创作中，在某种程度上，正是这个过程激发了从以舞蹈为中心的作品向舞蹈剧场的转变。鲍什并没有打算推翻现有的舞蹈形式，在形式变革中为自己争得一席之地。她不过是专心致志，探讨我们如何与社会联系在一起，如何体会我们的情感。她对人为何而动，而不是如何动的兴趣，建立在这个基本的探讨之上，使她远离了隐含在过往舞蹈形式里的身临其境的幻觉。

很少有人知道自己的内心是怎么回事儿，为什么会有某种感觉，为什么会突然感到不开心，或者心满意足，为什么会有周期性的抑郁，等等。去看"消遣的情节剧"，我们浪费得起时间吗？好像我们已经把所有问题都解决了似的。

（Bausch 1975，作者译：n.p.）

任何描述作品的企图，给我们的都是表面上发生的事情，而真正发生的事情，是在我们的内心。作品更多是被感受，而不是被感知。舞台形象触动了我们的内在状态，唤起基于自己经历的特别感应。观看《手风琴》（*Bardoneon*，1984）的时候，作品调动了我的个人视角，让我感受到颠沛流离的氛围。当时我刚刚搬家，生活正处在一个过渡期，感觉与我所关爱的人之间缺乏有形的纽带，我对作品的观感是对沟通的渴望。幕间休息的时候，我漫无目的地转着，听到一位女士对朋友说："我上个星期开始做化疗，就是这种感觉。"这位女士的话表明她对演出大加赞美，觉得演出能够捕捉到她的经历。站在事不关己的角度，这个作品就是一连串相当不留情面的、风马牛不相及的形象，可是，这位观众进入了作品的世界，她能够从自己的经历出发来观看这些形象。

这位女士接受了感情投入的可能性，而这种投入对演出的完整性是必要的。我们两人都感受到作品所引发的身心分离的感觉，以及对全身心投入生活的渴望。我从自己的观点出发，来理解这些情感，而那位女士显然从她更加直接的个人体验中发现了同样的情感。作品为两种解读都提供了根据、资源和自由。

鲍什也借鉴自己的经历，作为作品来源的基础。

> 我把自己看作一个平常人，跟其他人一样对
> 日常生活作出反应。我必须首先从自己开始，因
> 为我是最接近自己的，从身体到心灵。我会害怕、
> 满足、希望，跟其他人一样。也许这就是为什么
> 人们对我的作品有那么大的反响，因为他们觉得
> 在与作品进行直接对话。
>
> （Bausch 1998，作者译：19）

1984 年，她的作品在布鲁克林音乐学院上演。在演出之前举行的记者招待会上，鲍什说作品从细微之处起步，从生活的小片段入手，但最后都是"关于男女之间的关系。这些作品的主题是我们多么渴望被爱。我们都害怕死亡"（转引自 Smith 1984：36）。

鲍什这些根据亲身经历创作出来的片段，暴露了将我们的经历交织起来的内在潜流。舞台形象不是说教性的，不会告诉我们如何去感受，但是提供了一种体验，假如我们所寻找的是作品的意义，我们需要将自身意义投射进去才能完成这种体验。在《在山上听到的呼喊》（*Gebikge*，1984）这部作品里，一阵紧张纷乱的活动之后，演员全部跑下场，剩下扬·米纳里克沉默地、居高临下地站在贝亚特丽切·利博纳蒂（Beatrice Libonati）身边，她背向观众跪在地上，一副弱不禁风的样子。她把裙子拉到头上，裸露出后背，米纳里克做出鞭打的动作，然后我们发现他手里拿的是一支口红，在她的背上留下一道红色的痕。每用口红抽打一下，米纳里克都会朝观众看过去，期待赞赏，等待有人反对，做出"下一个是谁？"的暗示。女演员缓缓地做出带有仪式感的动作，低着头，裙子拉起来，背上一道道粗粗的、红色的痕，看上

去很疼痛。米纳里克一声不吭地走了，女人继续她的仪式。我们只能自己去解读这个舞台形象，能够为作品的阐释提供导向的，只有这个形象周边的其他性压迫形象，以及我们对性暴力的感觉和愤慨。

鲍什并没有试图说服我们相信任何东西，所以作品里并没有能够感受到的道德观念。因为没有强加于你，你就必须从自己的内心去寻找发现。归根结底，这就是鲍什表现手法的目标所在：要求观众从内心寻找途径，去理解她所发现的形象。鲍什在展示我们与外部世界的关系时，是毫不留情的。她以苛刻的方式，展示一个苛刻的世界。你的反应或者是震惊——因为你已经将自己与这个真相隔离开了，或者是一种惺惺相惜的感觉——因为你也曾经这样挣扎过。

寻找一个能够将观众带入剧情的动作，或者一个可以捕捉到逼真体验的手势，这不是舞蹈剧场的追求。舞蹈剧场审视的是我们的经历，是我们日常与更广泛的文化相关联的经历，是我们不顾一切地去寻找关联意义的亲身体验。对这种经历的表现既是真实的——因为反映真实状况是难能可贵的，也是隐喻的——因为作品源于生活，高于生活。

这种表现方式让我们清楚地看到，剧场是持续不断地了解现实、构建自我的地方，而不是把指定的意义提供给观众的地方。鲍什逼着我们质疑生活以及我们在生活中的位置，不是通过提供替代解决方案，而是给我们一个探索的领域，让我们意识到她所抨击的问题是亟须解决的。

前面提到的女子被口红抽打的例子里，我们所要解释的既有舞台上这个显然是身处险境的真实女人，也有她表演的经历所代表的，在更大层面上的性压迫、性暴力概念。我们期待着出现化解戏剧冲突的时刻，能够将这个舞台形象纳入其中，使其继续成为舞台世界的一部分，但化解冲突的时刻始终没有出现。每次回想起这个舞台形象，我们都不得不带着尚未化解的紧张不安，自己去解决，无论你是否情愿。既承认化解冲突的迫切性，又拒绝给出相关情节，这其中的矛盾是显而易见的。

有关身体的真实表述

批评家安妮塔·芬克尔（Anita Finkel）称："鲍什容不得我们拒绝接受人的本性，我们的反应是愤怒。有些人禁不住要回避鲍什的剧场，因为观看真实的血肉之躯实在是太痛苦，难以承受，他们不去看也是对的——一旦进了剧场，鲍什不可避免地会让你感受到人体的脆弱。"（Finkel 1991：4）鲍什也重新唤起了我们对自己身体现状的认识，但这并非总是令人沮丧的，即便对于舞蹈演员来说也是如此，尽管身体损伤或者年龄增长经常会让他们想到自己身体的真实现状。《华尔兹舞》（*Waltzes*）完成于鲍什的儿子诞生之后，也许是鲍什早期作品里最乐观的。施密特谈到这部作品时，鲍什的回应是：

> 我不想说些老套的话，但是那［生孩子和做母亲］真是个奇迹。当时，我简直是每天都有新发现，看起来几乎是令人费解的，很难以置信的事情。我突然明白这些事情是如何与我的身体联系起来的。你这一辈子东奔西跑的，身上从来就有一对乳房，你当然知道那是干什么用的，可是

突然之间，你能感觉到它们的功能了。这些都是很简单的事情，我知道。可这是非常了不起的经历。

（Bausch 1982a：235）

通过重新唤起我们对身体的感觉，让我们重新认识身体与外部世界和社会的关系，鲍什也十分执着地重建了我们的人际关系。约亨·施密特论及观众既被鲍什吸引，又排斥她时，提到鲍什艺术两方面的特点。一方面是她逼着大家对作品的内容刮目相看：

编舞家的几乎所有作品都涉及人生的根本问题，任何人都必然会时不时想起这些问题，除非他只是无所事事地活着。作品所涉及的是爱与怕，渴望与孤独，挫败与恐惧，记忆与忘却，人剥削人（尤其是在这个不得不顺从男人想法的世界上，男人对女人的剥削）。作品意识到人与人相处的困难，想方设法去缩短两个人，或者更多人之间的距离。带着某种绝望的勇气，作品试图创造一种语言，实现迄今为止其他语言和说话方式都未能达到的沟通。假如有人争辩说，到目前为止，这些作品所产生的不过是刺耳尖叫，我并不会特别感到不安。一部艺术作品高声呐喊，足以让人从死气沉沉的状态中清醒过来，这样的作品从来不嫌多。

（Schmidt 1984：13）

施密特所提到的鲍什艺术的另外一个特点是：

鲍什在人生、社会与美学方面毫不留情的设问方式，这个特别之处是每个人都会感受到的。作品所涉及的冲突既不会经过转述，也不会加以调和，而是毫无保留地表演出来。鲍什不会找借口，也不让观众找借口。每一个人，包括她的评论家，都感觉到鲍什在不断提醒我们的弱点，不断让我们为难，永远在呼吁我们放弃乏味的常规，打破沉闷，抛弃冷漠，开始像伙伴一样相互信任，相互尊重，相互体谅。

（Schmidt 1984：13）

根据社会的定义，根据我们与社会的关系，我们的身体为作品内容的自然生发提供了基础。身体体验是产生一切的源泉，表明舞蹈剧场来自舞蹈，并且与舞蹈息息相关，但这是经过重构的舞蹈。舞蹈成为我们的美学表达，表现了我们如何通过自我体现来定义自我，这样的舞蹈势必具有戏剧的倾向。而此时的戏剧有了通过人的躯体在时空里所展示的真实存在，并因此而重新活跃起来。鲍什不是第一个运用这种表演和表达方式的人，但她是第一个将身体的存在感置于表演实践中心的人。表演者不是一个构建的存在，而是存在本身，这个存在既创造了也关注了我们与他人相互交错的自我意识。我们与外部世界的关系被表现为形体过程，这种关系不可避免是破裂的，但重要的不是我们与他人之间所产生的隔阂，而是我们为弥补隔阂所做出的坚持不懈的努力。我们在这个世界上也许是孤独的，但是，我们试图创造出意境，这就是优雅与希望之所在。

一位评论家曾经评论说，鲍什经久不衰的主题之一是"两性之间的沟通是不可能的"（《寻找舞蹈》［*The Scarch for Dance*, 1994］，录像文字稿）。我问鲍什对这个说法作何感想，她回答道："不是不可能。是很难。假如不可能，我们就不再尝试了，但是我们并没有这样做。我们总是在不断努力，相互寻找。"

《交际场》

为什么选择《交际场》

1985年秋，我坐在纽约布鲁克林音乐学院的歌剧院里，《交际场》的演员们向前台走来，就像本书开始时所描绘的一样。他们就这么向前走，顶胯动作做得有点古怪，在行进表演中面对观众，直愣愣地看着我们，而且我感觉他们是专门盯着我看的，尽管我的座位在楼座中间那几排。面对直视的目光，会感到无所遁形，总会让人觉得这是冲着你来的，并因此感到不自在。我来看这场演出，是因为有人保证这部作品会与众不同。当时，我正在寻找一种方法，能够协调我在戏剧方面接受的教育，在编舞和舞蹈理论方面的经验，还有我对舞台上各种可能性的模糊想象。我在鲍什舞台上所看到的，是经过重新想象的舞台存在，其独特性立刻吸引了我，我觉得——尽管还不知道如何去对待这样的存在——从这里进入表演，能够为我们提供各种可能性。从此之后，在我的研究中，在我去看戏的时候，在创作自己的舞台新作的时候，我一直在努力揭示这个存在。

作为乌帕塔尔舞蹈剧场的保留剧目，《交际场》在过去三十年来曾经在世界各地上演，演员里有1978年首创作品的剧组成员，也有剧团人事变动之后接替角色的新演员。鲍什还曾经两次对作品进行了再创作，一次是用65岁以上的男女做演员，另一次是青少年。无论是剧团的资深成员，还是勇敢的青少年，或者是无畏的老年人剧组中上了年纪的成员，每个演员都站在观众面前，将自己奉献给这场演出。作为演员，我们每一次登上舞台，都要做出自我牺牲，化脆弱为力量，而在《交际场》的演出中，这一切变得显而易见，作品成为我们自己生活的隐喻。我们看着这些演员，而他们敢于回敬我们的目光。

每一位演员正视观众的目光，都让人想起表现主义画像里的怒目而视，内心的强烈感情暴露无遗，充满挑衅。尤其是奥地利画家埃贡·希尔（Egon Schiele，1890—1918），打破了在他之前的画像风格，抛弃华美外观，开辟了通向激进的自我表现的道路。在表现主义视觉艺术暴露内在心理真实的尝试中，他的作品也许是最能刺激观感的。希尔与鲍什之间的关系没有我们想象的那么遥远。鲍什在创作中不断从战前表现主义热情高涨时期的各种艺术形式中重拾思路。在这部有关欲望与建立沟通（抑或是缺乏沟通）的作品里，鲍什以一个简单的开场，找回并且拓展了在表演中揭示自我的早期尝试。

作为鲍什代表作，《交际场》涉及的视角是有限的，但是这部作品创作于鲍什艺术发展的一个特别重要的时期。鲍什的艺术生涯变化多端，视野宽阔。毋庸置疑，《春之祭》（1975）是她充满创新活力的编舞风格的实证，也是她在乌帕塔尔舞蹈剧场早期创作的典范。在芭蕾舞界，这部作品被誉为现代经典。然而，鲍什很快就转移了创作的聚焦点，她的声名鹊起主要是在偏重舞蹈的《春之祭》之后的那个创作阶段，在这个阶段，《交际场》是最重要的作品。她后来的各个创作时期的作品，都沿用了《交际场》在表演实践上的根本性突破。20世纪70年代后期所形成的创作方法，在随后以驻场城市为基础的作品中成为基本建构原则。在较新的创作中，作品的重心再次转移，从形象占主导地位的拼贴艺术，转到动作占主导地位的作品。即便如此，创作的基本方法没有改变。正是在创作《交际场》的前后，鲍什首次对这个方法进行了系统性探索。

重新设置《交际场》的演员阵容，启用老年人和青少年，也为我们提供了全新视角，让我们更加深入地了解鲍什作品通常是如何在舞台上运作的。在老年演员身上和年轻人真诚的脸上，表现的是同样的不顾一切要建立沟通的企图，这让观众对舞台上的演出同时产生了代入感与疏离感。尽管在观看原来演员阵容或者新的表演团体时，我们都不能完全将剧情与表演的背景分离开来，但是可以将对作品的反应，置于两场演出的天平上，互为参照。这种可能性为理解舞台形象本身的运作提供了途径。

《交际场》在保留剧目里占有一席之地，后来又有新的演员阵容参加巡回演出，而且在有关鲍什艺术创作的纪实报道中，这部作品受到特别的重视。基于以上原因，《交际场》已经成为定义鲍什美学的最重要的作品。根据我的理解，也可以说《交际场》在鲍什作品中占据首要地位，因为这是我观看的第一部鲍什作品，当时离作品的首演已经过去八年。每当我问别人，他们最喜欢的鲍什作品是哪一部，所得到的答案总是那个人所观看的第一部鲍什作品。邂逅能够让你调整自己思路的东西，其冲击力往往是经久不衰的。

然而，即便不考虑我个人的反应，《交际场》在鲍什全部作品中也是最重要的一部。《蓝胡子》和《麦克白》的创作，在形式上产生了引人注目的突破，《交际场》延续了形式上的突破，并将其扩展至一部完整的作品，作品完全来自一个开放的概念（在这部作品里是温情的局限及其后果），而不是来自对他人创作的原始资料的反应。于同一时期创作的《华尔兹舞》（1982），其创作手法与《交际场》基本一致，但是没有像《交际场》一样长期留在剧团的保留剧目里。《1980——皮娜·鲍什的一部作品》（1980）和《手风琴》（1980）也创作于同一时期，比《华尔兹舞》巡演时间长一些，但是没有经过不同演出阵容的表演，因此也没有因为对作品进行了重新设想而产生的影响力。经过不同方式的呈现和持续不断的上演，《交际场》已经成为新风格作品的使者。这部作品处于鲍什标准的核心地位，为我们提供了更加多样化的演出体验，任何其他乌帕塔尔舞蹈剧场的作品都无法望其项背。而且，这是我最喜欢的作品，因为它是我看到的第一部鲍什作品，它改变了我对舞台演出可能性的看法。

作品的形成

鲍什有很多作品是探究人际关系的，尤其是男女之间的关系，《交际场》便是其中之一。这部作品既没有叙事性的故事，也没有直接的原始资料供参考或者解读。排练最初的几个星期，剧团用以启动的只是一些相当含糊的有关欲望与沟通的想法。鲍什对我们如何相互沟通，或者至少是如何企图沟通，展开深入探讨。这个过程从温柔的概念开始："什么是温柔？如何表现？会发生什么？温柔的底线到底是什么？什么时候温柔不再是温柔？或者说超过底线还是温柔吗？"（Hoghe 1980: 66）出发点就是这组简单的问题。然而，仔细盘查这些问题，很快就可以从演员生活中与他人沟通的经历中，揭示出丰富联想和各种见解。

漫长的排练阶段从创作与收集素材开始。"我们拿自己的情结做点文章吧。"鲍什说，"我们都有情结，那么就展示一下吧。每个人都演示一下对自己的身体有什么不满意的地方。"（转引自 Klett 1984: 13）以这段话为引子，剧团创作了一个展示自我的队列行走。排练的时候，演员朝鲍什走去，请她考虑接受他们。这是试演的一种形式，同时也代表了任何将自己交给他人评判的时刻，无论是在舞台上还是在生活当中。

他们曾经创造过这样一个舞台形象：每个演员暴露出自

己身体的一部分，一个肩膀、后背、肚脐或者脚底，后来这个形象没有被采用。（见 Klett 1984：14）有关温柔的问题和对沟通的探索开始集中在这些表演片段上。在另外一个他们称之为"博物馆"的部分，"大家好像在一个聚会上那样，无所事事地站着，直到有人跌倒、呕吐、使劲儿撞在墙上。其他人看着，或者无动于衷，或者很感兴趣，好像在观看一件艺术品，而不是一个人"（Klett 1984：14）。这些由演员在排练中创作的片段，围绕着沟通的概念和我们怎样做才能实现沟通这个问题，渐渐组合起来。在企图引起他人注意的时候，我们如何展示自己，一旦到了可以沟通的时候，我们会如何相处，会对彼此做些什么。

演员运用手头的资源，创作出不断增加的舞台形象，这些资源包括他们自己的生活，20世纪50年代不断发展变化的背景，还有剧场演出的概念。演出采用了一系列出自那个年代的伤感情歌，以配乐的形式表现变化的背景。

随着排练中产生的形象越来越多，鲍什开始了同样漫长的挑选排序过程。一个片段与另一个片段衔接的方法，会产生不同的路径，揭示舞台形象不同的侧面，也会产生新的素材。这一切都需要经过筛选分类，进而创作出作品的总体印象。作为排练助手的雷娜特·克勒特（Renate Klett）对作品的发展思路提出过若干建议，比较符合一般的故事和人物发展思路，但是鲍什觉得没劲，因为这样形成的作品会过度简单化，观众无法找到自己进入素材的切入口。克勒特这样解释鲍什的结构方法：

　　她重叠场景，通过混合场景来将其结构复杂
化。很多场景是平行的，相互评论，相互重叠。

有时候十个不同的情节同时发生，不过这一切都
集中在一件事上。

（Klett 1984：16）

鲍什所追求的是错综复杂的印象，观众可以从自己的角度进入这些印象中。既然作品源自鲍什和演员的个人反应，那么对观众的个人投入也应该是开放的。

一旦作品构思进入水到渠成的阶段，他们就开始寻找作品名称，这个名称既要足够具体，能够推导出作品的基本理念，也要考虑到多种解读的可能性。认真考虑过一系列可能性之后，他们又回到鲍什在排练之初所提议的"交际场"。"交际场"在德语中的字面意思是"会面场所"，通常用来指监狱或学校这类场所里的一个庭院或广场，但是也适用于卖淫者会见客人，出卖肉体的场所。整部作品贯穿着对剧场是某种出卖肉体的场所这个命题的探索，在这个场所，人们相互之间的关系是意料之中的，演员把自己呈现出来，"观众在沉默中充满期待，等待着被打动"（Servos 1984：117）。

鲍什在启动排练过程的时候，从内容着手，提出的问题是："什么是沟通？我们如何沟通？"经过深入细致的创作过程，淘汰筛选下来的舞台形象反映了鲍什和她的演员经历中深层次的东西。他们的创作也许会从具体的个人经历开始，但是过渡到表演的时候，就意味着要超越表面细节，进入产生某种想法或者情感的内在动力。人所面临的基本难题是渴望却又很难维系彼此之间的关系，鲍什为表现这个难题所发现的隐喻之一就是剧场世界。她的舞蹈演员有戏剧技巧方面的经验，她利用他们的经验，以隐喻而不是直白的方式在作品中发挥作用。

演　出

　　《交际场》的舞台布景是一个大房间，有三面墙，舞台后方的左右两侧有几个简易的门，舞台右面的墙上有一个垂直的大窗户。舞台顶端有一个挂着黑幕布的舞台，角落里有一台立式钢琴，沿墙边放着黑色的简便木椅。布景很像一个会场（或者很像"利希特堡"，剧团用作排练场的一个经过改建的电影院）。这是一个特别没有特点，特别开阔的环境，其用意是突出演员的表演。布景其实就是舞台本身，为表演创造一个场所，而不是创造一个让我们投入其中的虚幻世界，尽管布景也确实让作品带有一种怀旧的情调，大概是定位在战后某个时段。从早期与罗尔夫·博尔济克合作（《交际场》属于这个阶段），到1980年博尔济克去世后与彼得·帕布斯特一起工作，鲍什的舞台布景总是富有动感的，通常有一个占主导地位、有共鸣效应的元素，戏剧性地影响着演员如何存在于这个空间。这个元素可以是《春之祭》或者《在山上听见呼喊》里铺满地面的泥土，《咏叹调》中的水，或者是《康乃馨》里的花，等等。布景设计的目的是让舞台装置尽可能开放，但是也要有渗透整部作品，并为演出定下色调的特殊的感觉。

　　在多数作品里，音乐在结构与情感色彩方面也发挥了重要作用。在大多数情况下，音乐由大量的各种素材构成，突出显示了动作和形象片段，巧妙地承载着作品构想的意境。在《交际场》里，音乐主要是由20世纪30至50年代的德国流行歌曲混合而成，有些片段里添加了几首其他乐曲。从一个美国人的角度，我起码能够辨认出音乐风格，很容易就将音乐情调置于相应的历史时期，但是没有哪一首曲子是我能够确切辨认出来的。音乐有助于作品打造错综复杂的印象，但是又不会非常具体，以至于将意义局限在一个特定的诠释内。我对音乐的感觉是：怀旧，伤感，来自我所没有经历过的时代。我猜想，至少在作品最初上演那会儿，演员还都是乌帕塔尔舞蹈剧场的主要成员，大多数观众和剧团成员对音乐的内涵都会有相同的感觉。

然而，由老年人组成的演员阵容上演作品的时候，音乐的重点突然发生变化，很具体地指向这些演员自己的生活经历。我想象，他们曾经在一个跟舞台上所刻画的会场非常相似的会场里，听着同样的音乐，这是战后德国重建时期，他们心中怀着秘而不宣的负罪感，始终寄希望于与他人沟通的时刻。音乐为老年人呈现了比较具体的社会背景，对青少年而言，则产生了进一步的疏离感。于是，我非常明显地意识到，让这些年轻人做的是他们感到陌生的事情，尽管他们对内在的情感也可能会产生共鸣。

因为我知道出演这部作品的，无论是老年人还是青少年，都不是职业演员，我与他们的自我表现之间便形成了一种不同的关系。尽管两组群众演员的角色都是为这场演出而构思编造的，演员自身在创作人物的过程中，依然对所扮演的角色产生深刻的影响。正规剧团演员演出的时候，也同样有恰到好处的自我表现，因为我知道他们所展示的舞台形象源自自己的经历，但是两组群众演员的自我表现会更加突出。

图 3.1 《交际场》（1978），贝蒂娜·施特贝摄

我们在《交际场》中看到的自我表现，是炫耀行为的扩展，鲍什抽取其戏剧性本质，用以体现戏剧和隐喻意义，这也成为鲍什许多作品的中心思想。我们把自己放在舞台上，让大家观看几个小时，这对我们意味着什么？《交际场》以隐喻的手法，联系我们对爱与沟通的追求，表现了把自己奉献出来，让别人品头论足的感觉，以及这样做所隐含的力量与脆弱之间的平衡。在其他作品中，戏剧意义随着作品背景发生变化，但是所有作品的基础依然是表演者自身的经历体验。舞台上的这些人仅仅是演员而已，我们不能假装他们是别的什么人，而体现戏剧意义的恰恰就是演员这个角色。

作品开始的时候，全体演员坐在排列在舞台后方的椅子上。女人穿着色彩丰富的鸡尾酒会连衣裙，男人穿西装。他们坐在椅子上，面无表情地看着观众。一个穿红裙子的女人走到前台，面对观众站住，转过身向我们展示她的背部，然后回身面对我们，将双手放在脑后。她张开嘴给我们看她的牙齿，然后侧过身子，将手放下来给我们看她的手掌，接着是手背，最后转过身朝后台走去，重新加入坐在后台的那群人里。另一个女人走上前来，重复刚才的步骤，然后又是一个女人。一个男人走向前，他也重复了这一系列动作，与此同时第一首歌曲结束。这首歌充满渴望："春天，阳光灿烂，但你是孤独的。"另一首歌响起，另一个男人走向前。所有男人走到前台，表演展示自我的仪式，当女人过来加入他们的时候，男人走开了。女人独自留在前台，每个人都把展示自我的动作过了一遍。

演员在展示自己，就像要被仔细查看的待售商品一样，而我们就是买主。在这个交易过程中演员不能脱离自我，他们要把自己的身体呈现给我们，让我们觉得物有所值。但他

图 3.2　《交际场：65 岁以上男女的版本》（2000），琼-路易斯·费尔南德斯摄

们也能与自己创作的角色保持一定的距离。演员所表演的人物对这种商品化的展示，既有默许，也有巧妙的抵制。他们允许这样的事情发生，但是他们痛苦与抵抗的表情，让观众意识到自己实际上参与了这种将人物化的做法，并因此而感到尴尬。

老年人与青少年对这个片段的重新创作都非常到位。情节是一样的，但是意境发生了引人注目的变化，这只能加重我在看这场自我暴露的表演时的尴尬。职业演员在这场戏中强调，自我展示行为是在从事一场交易，作为观众的我也许会对自己的隐性的参与提出质疑，可是让我在同样的意境中去看待青少年或者老年人，那就将窥视行为提到一个新高度了，部分原因是这两组人都不能如此轻易地游离于他们所表演的人物，使表演成为有意识的评注。与职业演员相比，他们的自我暴露会更加彻底，因为我们可以从一些细微的地方，看到表演者为创作这个片段所付出的努力。安妮·林泽尔（Anne Linsel）出色的电影《舞梦》（*Dancing Dreams*）记录了青少年演员构建这部作品的全过程，从第一轮面试到第一次演出。在这个过程中，她密切关注了多名剧组成员，对他们进行采访，在休息的时候探访他们，了解剧中人物背后的年轻人。从纪录片中可以清晰地看到，为了扮演他们所刻画的人物，这些演员经历了暴露自己内心世界的艰难过程。乌帕塔尔舞蹈剧场的成员创作这些角色的时候，也许这些青少年还没有出生，可是在体现他人创作的过程中，这些青少年也被迫袒露自己的内心，而我们则受邀见证这一脆弱的时刻。

这个片段增加了客观背景的真实感，除此之外，舞台形象还说明，社会认可度是以我们的身体为标准的，在很大程度上，这与我们所有人都有关系。舞蹈演员在继续下面的求偶仪式之前，首先要得到我们的认可，这个过程正是我们所有人都经历过的：在一个强调身体形象的社会里，我们要不断地检查验证我们的价值。同样的情节由老年人，尤其是由青少年来表演，在很大程度上拓宽了这个思路。演员让观众注意到他们的身体是如何在舞蹈中或者在剧场里被利用的，与此同时，演员在舞台这个小社会里被评价的过程，也是对现实生活里更加普遍的身体评价的批评，这样的身体评价在寻求情侣关系的时候尤为突出。作品其他部分的具体背景——各种各样的演员在男女关系的背景下，将自己作为商品提供给对方——清晰地表明了这一点。诺贝特·泽福斯是这样分析作品开场片段的：

> 无论在私人生活还是职业生涯中，身体都是商品，为了卖个好价钱，必须得到恰当的展示。［这个片段］表明，个人身体表面上是私人领域，其实与公众人物受制于同样的规则。在这方面，观众所面临的现实，与必须出售身体和技巧的舞蹈演员没什么两样。两者都必须与既定准则保持一致，控制自觉情感，把自己卖出去。
>
> （Servos 1984：118）

舞蹈演员被置身于既定背景中，依据社会为他们的现状所制定的准则行事。他们揭示了我们身处的社会制度内在的故作姿态和张扬炫耀，并根据他们业已深陷其中的规范行事。

《交际场》将戏剧演出的技巧作为隐喻，大意上是寓意我们在社会关系方面的表现和沟通。演出非常简单而又戏剧性地向剧场表演行为致意，并展示其含义。一个女人说："晚安，我来自巴黎。"另一个说："我来自汉堡，我已经结婚了。"她们每人都用短短的一句话表明身份，就像在聚会上相遇那样，向我们作自我介绍，因为她们是直接对着观众说话，表现方式总会有戏剧性的不自在。全部女人自我介绍完毕之后，转身加入站在后台的人，最后那位女子加入其他人之前，回过头来，俏皮地朝我们再看了一眼。现在她们全体一起向前走来，按照音乐节奏，一个单腿刷步，顶胯，然后迈两步。男人加入进来，全体演员波浪式地朝我们走来，每次走到舞台边上都退回后台，重复前行的动作。

最后，他们沉默地站着，目视观众。一个女人摇摇头，歇斯底里地笑起来，直至倒在地板上。其他人几乎没有留意她的过激行为。又静默片刻后，一个男人开始缓缓地唱起来，站在一起的人渐渐散开，以同样的"刷步—顶胯—迈步—迈步"的行进动作，回到舞台后方的座位上，留下倒地的女人独自躺在那儿。有人尖叫起来，大家都跑了，只剩下一个被男人追逐的女人，她一边跑一边尖叫，男人不时往她脚下扔一只老鼠，引起又一声尖叫。另一首歌开始了，其他女人上台，穿着高跟鞋，迈着笨拙的步子，排成一行，斜穿过舞台。

在整个开场部分，每一套动作都是为他人而做的，为舞台上其他人，或者为坐在观众席的我们，每套动作都带着一种期待感。好像演员在不断地问："这是不是你想看的？"又好像他们为了引起回应而在做些什么，不管做的是什么。静默片刻之后，一个女人缓步上场，在钢琴上弹奏出一个高音，接着发出一声长长的尖叫。她又弹出一个低音，然后呻吟起来。还没等这个形象有机会发展下去，音乐声响起，排

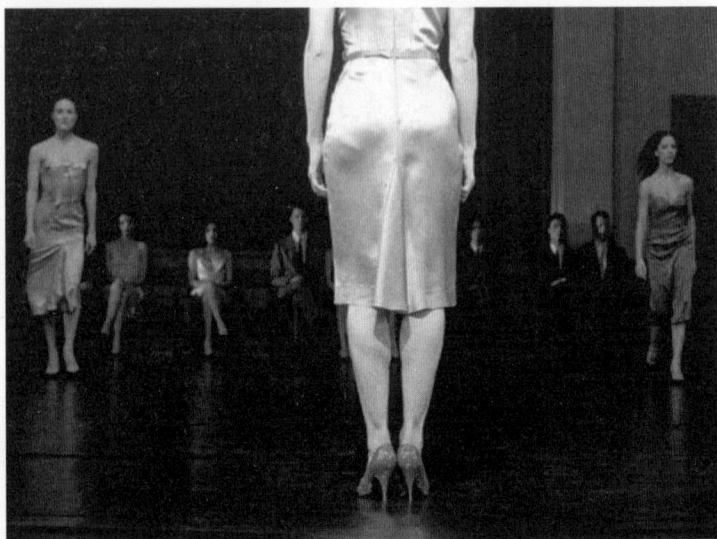

图 3.3　《交际场》（1978），贝蒂娜·施特贝摄

成一列的女人随之一致行动起来，这次，她们一边走一边笨手笨脚地调整胸罩、内衣裤或者连裤袜。她们步调一致，很不雅观地穿过舞台。舞台后方，一个女人坐在一个男人大腿上，然后为他跳一段舞。整理着内衣的队伍继续走着，女人轻轻地对男人说："噢——你长得真帅。哎呀呀——你太壮了。"她试图用一些忸怩的小动作引起男人的注意，但是男人直接转身退场了。另一对男女上台了，温柔地相互抚摸。他们继续做着羞怯的调情小动作，同时，舞台深处有两个女人在说悄悄话，麦克风扩大了她们刻薄话的音量：

> "那条裙子的腰有点窄。""她变得那么胖。"
> "可不是。我说啊，她现在看上去胖得像一匹马的侧面。""一身老皮，松松垮垮的。"
> "老皮，而且真是软软的。都耷拉下来了。""挂在胳膊和下巴上。"
> "像个面具。""看看她那妆化的！"
> "噢，妆化成那样，可是如果她不用那么多化妆品，我是说，她会是什么样子啊？"

这时，一个男人拿着带夹子的写字板上场，开始做笔记。这几个情节是相互重叠的，熙熙攘攘之间，很容易就会错过些内容。这里重要的不是每个情节的细节，而是这些情节如何凑在一起，产生一种人际关系、受挫欲望和寻求关注的总体感觉。舞台上的能量也是经过仔细衡量的，精心安排的情节在喧闹的团体活动和几个人的安静的小片段之间变换。尽管作品结构似乎非常开放，其实我们是被煞费苦心地带入一段旅途，进入舞台世界的中心地带。密集组合的情节包围着观众，你无须跟随剧情细节或者故事情节，你会直接沉浸在演出中。

每个演员都有特别突出的自我表现的时刻，而且都在拼命寻求与他人建立关系。一个女人走上空荡荡的舞台，站在一张椅子上。她说："我站在钢琴边上，我马上要摔下来了。但是摔下来之前，我要喊叫，大声喊叫，让所有人都听到，一个不落。"她尖叫起来，其他演员跑上台，坐在自己的位置上。女人轻轻地从椅子上下来，然后爬到椅子下面。她说："然后我爬到钢琴底下，周围看看，做出我想独自待会儿的样子。可是，我并不是真的想自己待着。然后我拿出围巾，企图把自己勒死，希望我死之前会有人过来。"在我们观看的过程中，这一连串舞台形象开始相互回响，影响了我们对随后出现的每个片段的看法。这个女人以自己的身体为诱饵，企图得到别人的关注，另一种比较通常的做法是试图通过着装和展示身体来引诱他人与自己沟通，两者并列，彰显了其相似之处。他们都是在牺牲主体，试图通过客观操作触及对方。

女人企图引起他人注意的片段演完之后，所有演员继续出动，开始使劲向舞台前方推进，又一次像波浪似的朝我们走来，临近边缘之时，退回舞台后部，再次向前推进。有两个人隔着舞台，朝对方大喊大叫，一个男人故意躺倒在地，一动不动，好像他已经死了。有些演员只是站在那儿，呆呆地凝视观众席。在这场有组织的混乱中，一个女人拿着麦克风上台，心醉神迷地小声叫唤。其他演员停下来鼓掌，女人看着他们，希望得到赞许。女人继续表演，其他人聚集过来，围成半圆。又一轮掌声之后，她回到其他人中间，把表演的机会让给别人。演员成双成对走到舞台中央，表演各种虐待对方身体的小动作。男人捅一下女人的乳房。大家鼓掌。女人解开男人的裤腰，把裤子拽下来。大家再次鼓掌。另一对男女来到舞台中央，女人一边拥抱男人，一边用鞋跟使劲踩他的脚。男人抚摸女人，然后弹一下她的鼻子。几对男女自豪地表演了他们折磨对方的小动作，大家报以掌声，直到切换音乐，演员们四下散开。

男人全部跑到舞台一侧坐下，女人跑向另外一侧。隔着开阔的空间，他们激动地朝对方做手势。男人挪动椅子作小跑状，渐渐接近靠墙站立的女人，他们一边挪动，一边继续激动地打手势。最后，一对对男女搂在一起，手在对方身后依然做着激动的手势，结果是他们胳膊和手的动作变成了拍打和挥舞手臂的攻击。音乐切换，一对对男女开始跳摇摆舞，男人带着女人在舞台上转。扬·米纳里克，开场的时候拿着写字夹板的那个人，现在拿着卷尺在舞台上四处走，给每一对男女量尺寸——衣裤内长，两个人之间脸的距离——然后一五一十将结果写在本子上。

这之间出现的人际关系似乎带有偶然性，不同的人作为舞伴结合在一起，是出于舞蹈的需要，既无关性格的一致性，也没有以故事为本的理由。由此产生的社会交往是沟通的需要，仅此而已，并没有考虑到可能达到的沟通质量。随着舞台形象继续展示，基于他们特别的行为举止，我们对群体中的个人有了一定的认识，但是这种认识并没有形成我们想象中沟通的基础。不过，扬·米纳里克的确创造了一个特别有个性的人物。他与其他演员有所区别，在鲍什这个时期的作品里，他经常会这样，有点像主持人一样。他通常拿着麦克风，把某一对男女说话的音量放大，再不然就带着相机或者卷尺，对正在发生的事情进行记录，在写字板上草草写下他的发现。

他是人类学者，细心地将这组特别的人类动物的求偶仪式记录在案。但是，他也会加入剧情。例如，他是那个朝尖叫的女人扔老鼠的人，他总是希望对方有所反应，每当他做出扔老鼠的动作，女人以同样的方式咯咯笑着跑开时，他的需求就得到了满足。

一个女人在认真地教一个男人做甩胯的动作，与此同时一台投币儿童木马被搬到舞台上。她说："你可以再走一次这个步子给我看吗？等一等，拉起夹克衫，不然我什么都看不见。"男人一边朝舞台前方迈步，一边试着旋转臀部，但是女人打断了他。"不是这样做的。看着我。"她做了个示范。"转圈，转圈，转圈。你做的是这样，这样。根本就不对。"在男人试着做动作的时候，女人继续严厉斥责他，终于她气愤地走开了，一边说着："好好儿做，我知道你能行。继续努力。"全体演员上台，脸上挂着灿烂的笑容，伴随音乐节奏大幅度甩胯，走向舞台前部，刚才学动作的男人拼命想跟上他们，使劲观察其他人，看自己的动作对不对。

动作教学，以及在教学中通常会使用的把身体当作客观事物的语气，频频出现在鲍什的舞台。舞团成员大多数都经受过严格的芭蕾舞训练，鲍什经常使用直接涉及舞蹈教学的形象，同时利用在排练场上伴随这些训练而产生的缺陷感，因为演员会感觉自己的身体不听话，心里知道该怎么做，身体却不配合。有些类型的舞蹈所采取的形体训练，将自我意识与身体截然分开，尤其是芭蕾舞，为了使动作呈现出来，要彻底抹除自我意识。构成作品其余部分的身体呈现和沟通尝试，也增添了这种缺陷感。

当剧团正规成员表演动作教学形象时，我们观剧的背景是他们大量的舞蹈训练，但是老年人表演这种形象就显得特别残酷，很不人道，不过最终他们会有成功的得意感。我们知道这些没有经过专业训练的演员付出巨大努力，才能够完成这部作品的演出，对他们所作出的努力这样吹毛求疵，觉得特别苛刻。然而，我确实会以他们完成动作的能力来评判这些年长的舞蹈演员，尽管我并不想以这么高的标准来要求他们。演出环境决定了我的反应，就像社会结构决定了我在生活中对他人身体的反应。但是在这个具体的语境中，我经常会惊异于年长演员的能力，他们能够适应作品施加于他们的动作状态。驾驭素材其实不复杂，但在他们这里就成为得意之举。

演员们散开的时候，一个女人下台走到观众席，讨要零钱。拿到一枚 25 分硬币之后，她走到投币木马那里，将钱投进去，然后爬上马鞍。女人充满期待地坐在那里，但是木马没有动。她下马回到观众席去要零钱。拿到另一枚硬币之后，她走到木马跟前，再次尝试。她还心怀希望，可能这次木马会有反应，然而还是没有动静。她从木马上下来，带着无可奈何的表情，沮丧地回到其他演员中间。全体演员做了一连串性感的手势之后，一个男人带着女人回到木马跟前，指给她看，其实木马还没有接上电源。一些工作人员拿着电源线出场了，木马接上电源之后，女人立刻兴高采烈地回到观众席找零钱。再次得到一枚硬币之后，她碎步跑回木马跟前，投入硬币，跳上木马，木马东倒西歪，断断续续地摇起来。另一个女人离开其他演员，站在一边等着，然后又一个女人走过来，直到等待的女人排成一条龙，其他演员继续做着他们的手势，这些手势这会儿已经变得比较暴力了，用手戳、掐人、把人举起来或者扛起来。

芭蕾舞式的故作姿态和沟通尝试继续出现在一个接一个

相互重叠的舞台形象中。鲍什毫不留情地探索在寻求沟通的过程中，我们在多大程度上愿意将自己物化，深刻指出这种物化最终是徒劳的，因为我们所得到的无非是片刻关注，不会有更加实在的东西。到头来，这些女人从木马那里得到的满足感，超过了她们从作品中任何男人身上所能得到的。机械木马直接涉及满足感的隐喻（负载着性满足与情感满足两层含义），除此之外，这个形象本身也让我们得到了单纯的快乐。看这些女人骑这匹悲惨地摇摇晃晃的马，既辛酸又滑稽。你可以寻找舞台形象的"意义"，也可以简单地欣赏这个形象，在那一个片刻，这个形象与舞台上的情形和背景贴切得有些荒诞。

稍后，一男一女面对面坐在舞台两侧。他们开始有点害羞又很温顺地，隔着巨大的空间向对方打手势。慢慢地，他们开始脱衣服。先是鞋子，然后是袜子，衬衫，等等，直到他们赤裸裸地坐在那里，依然越过空间打着手势。与此同时，其他舞蹈演员齐步走，绕着舞台形成一个整齐的队列。他们对这对男女视而不见，在他们脱光衣服那一刻，正在行进的演员停下来，对他们俩怒目而视，然后做出尴尬的表情。这对男女，就像亚当和夏娃突然意识到自己一丝不挂似的，遮盖着自己跑下场，匆忙穿好衣服，加入队列里。舞台上的动作是精确的内心世界流露，两个男女手势的柔和，他们脱衣服时的脆弱，与行进队列的拘谨形成对照，我们可以看到两个人沟通的尝试受到其他演员的控制和支配。

在 65 岁以上的老年和青少年演出版本里，舞台形象进一步提升，也变得更加复杂。他们企图通过共享亲密时光，建立起沟通，这其中的羞愧与意识与原始版本是一样的，此外，我们还因为这些演员在演出中变得易受伤害而增添了不自在的感觉。在原始版本里，演员暴露他们线条优美的身体，保持了有力度的存在感，但是后来的版本让我们意识到，我们应该如何看待自己的身体，其实身体在人生的特定时刻会让我们原形毕露，或者伴随青春期而来的，是令人尴尬的身体变化和对身体的敏感意识。在后来的两个版本里，演员的美感是纯朴而不加掩饰的，但是我不由自主地对他们充满同情，他们所参与的演出活动，一定让他们感到非常不自在。我对他们的同情让我认识到，在我们一生当中，与自己身体之间的关系在很大程度上是对抗性的，尤其是在开始体现自我意识或者年龄意识，应该对这些事情加以掩饰的时候。

舞台上各种形象的编排，领着我们来到一对男女安静地隔空脱衣这一刻，在进入第一个幕间休息的时候，这个形象就像是某种结局。就在宣布幕间休息的时候，舞台上小范围的动作还在继续。我在进入剧场的时候就进入了另外一个世界，这时我无法从中彻底脱身。演出让我意识到自己对作品的参与，从一开始，这就不是一个我可以简单地从外部观看的世界，而是我被牵连在其中的环境。带着这种想法，我步出剧场走到大厅里，看着周围的人，多少有点难为情，想象着他们看穿了我，就像我觉得看穿了他们一样。我们都有些伤感，也心怀希望，既想引起关注，又尽量不要引起别人的注意。我在自己身上看到了这一切，我穿的衣服，我的发型，我放在背包里，准备在回家路上坐地铁时看的书。

幕间休息之后，回到剧场，演员全部穿着黑衣黑裙，一边伴随着音乐节奏表演各种小手势，一边绕着圈走。女人离开了，留下男人打着手势在舞台上漫步，当女人穿着色彩鲜艳的连衣裙回到舞台的时候，两组人相互对峙。

一个男人大声喊道："后背！肚子！膝盖！"女人们被

喊到的身体部位突然一动，然后身体向后倾，好像那个部位受到枪击一样。一个女人以她的命令作出回应："手！脸蛋！后背！"这次轮到男人在这场两性战役中受伤后退。相互交换的攻击越来越快，越来越紧迫，直到两组人在僵持中停下来。男人脱下外套，女人脱下鞋。男人一个个把头发弄乱，女人把双手放在头上。两组人一边向对方走去，一边再次分成相互对抗的一对对男女，用手戳或者掐对方，扬·米纳里克搬过一张椅子，坐下来观看。

舞台上继续出现各种形象，有些是重复以前的，有些是新的。演员全部面向观众，将椅子排成一行，同时开始说话。扬·米纳里克拿着麦克风顺着排成一列的椅子走过去，我们听到有关男女关系的交谈片段，有英语、法语、德语和西班牙语。英语和德语说得慢的时候，我能跟得上，但这种情况也不多。所有我能听懂的都是男女之间无意义的交谈，就像是在没完没了地打电话。舞台形象逐步增多，我能够比较自由地在这些形象中徜徉，看到我一开始可能错过的细节，观察不同的人如何进入不同的场景。我在他们的表演中间徜徉，好像这是一个梦，不断向我显示有所缺失是什么感觉。我坐在剧场就好像在梦中，幕间休息的时候把梦带到大厅，多年之后，还会做梦一样回想起剧中形象。

又是一片混乱的场面，有人在跑，在跳舞，在发出心醉神迷的轻声尖叫，一个男人弹钢琴，一对对男女跳起华尔兹舞，有人跟随音乐唱起来，直到最后有人唱起《我的宝贝在大海那边》，渐渐地所有人都跟着一起唱起来。一曲优美的合唱，然后大家都静下来，我们听到站在后面的一个女人哭泣着唱完这首歌："噢，把我的宝贝给我带回来。"其他人静悄悄地退场，剩下哭泣的女人在舞台后部。一个女人上场，跟哭泣的女人在一起（给她一点支持？），然后所有人来到舞台前方，背向观众坐下来。舞台后部的幕布被拉开，露出一个屏幕，有人拿来一部电影放映机。灯光暗下来，我们一起观看一部有关鸭子和鸭子交配习性的短片（"一小窝开心的野鸭子"）。短片像是学校用的资料片。放映结束了，所有人发出失望的叹息，然后大家散去。一个女人过来，讨要骑机械木马需要的硬币。

各种形象开始混在一起，模糊起来，有一种总体上的疲倦感，已经说不清楚这疲倦感是我的还是演员的，再不然就是我们都疲倦了。演员现在都穿着黑色的衣服，站在舞台上不同的位置。慢慢地，演员成双成对地走到一起，扬·米纳里克给他们拍照。一开始被老鼠追逐的女人回到舞台上，扬·米纳里克又一次追逐她，并且再次扔老鼠。女人没有反应。她沿着上次走过的路线，登上椅子，穿过舞台后部，但是这次面无表情，动作缓慢，看到老鼠也泰然自若，直到扬·米纳里克失望地走下场。女人停下来，面向前方站住。

看了两小时四十五分钟的演出，时而让人痛苦，时而让人感动，现在就剩下这个女人，站在那里看着我们。她身穿白裙子黑鞋子，就这样站在舞台前方的中间，面无表情地注视着观众，请求关注。我们从她那里没有看到任何外在的表情。渐渐地，男人一个又一个地接近她，开始抚摸她，揉她的肩膀，摸她的脸蛋。我为这些手势赋予意义，感觉到了触碰的温暖，我期待女人打开心扉，接受沟通的尝试。我希望女人能照着我的期待作出回应，但是女人继续无动于衷。作品颠覆了我对温馨回应的期待，剥夺了我这番解读的合理性，我只得重新被舞台形象所包围。

男人们的手势逐渐变得机械，从温柔的抚摸，变成为唤醒女人而轻轻地捅一下，再变成研究异物般的翻看摸索。温柔何时变成了残忍？软弱无力的女人现在被男人包围着，支撑着，摇晃着，他们抚平她的头发，掐她的脸，抬起她的手，一连串动作胡乱重复。女人的身体变成一个物件，我必须不断提醒自己，站在那里的是一个人，她现在所经受的已经是一种折磨了。

男人的粗暴行为，在我感到不自在之后，还持续了很久。然而，我很快就发现，我适应了自己的局促不安。我习惯了舞台上的活动，开始漠视对人体的物化和这其中相当残酷的含意。可是舞台上的形象在继续上演，很快我又对自己如此平静而感到不安。由于我允许这些粗暴行为继续下去，我也被牵连进去了。当然，我在观众席上是被动的存在，是受到限制的，而且演出也没有号召观众参与，然而演出还是让我意识到，在生活中我是如何扮演了因为消极而助长暴力行为的角色。

对于我来说，这种默认的参与，突然揭露了这个舞台形象的真相。男人的动作尽管不露声色，依然是在物化女人，侮辱女人，这点说得不错。但是如果说这个过程在继续，我们习惯了，我们提醒自己，然后又忘记了，说这个过程是没完没了的，我们必须不断唤醒自己，倾听一动不动的女人那无声的尖叫，那就构成了对当今文化挑衅性的、令人不安的控诉。

男人继续对女人的身体连捅带戳，好像过了很长时间（实际上是六分钟），直到另一个女人上场。男人都走开了，跟随刚上场的女人而去，她挑逗着他们，带着他们转圈走，把备受折磨的女人丢在一旁。其他女人上场加入圈子，全部人步伐一致地走着，全都做着同样的简单手势，音乐结束之后，还能听到他们的脚步声在继续。演员继续转着圈跳舞，灯灭了，舞台上只剩下他们的脚步声在令人伤感地砰砰作响。无论刚才发生了什么，演员的心跳声还在继续。这是令人难过的注脚，说明我们在渴望获得归属感的时候，能够无视最残忍的物化他人的形象，我们与演员之间有着必然联系，而他们其实就是我们。

当然，这都是在演出之后所得出的理智上的反应。当时坐在黑暗中，我感到震惊，没来由地觉得无所遁形，而且筋疲力尽。鲍什迫使我们所有人全身心投入演出。剧中倒数第二个形象中的女人挥之不去，我在脑海中看见她，带着她的形象离开剧场，走入大厅。尽管情景是虚构的，那个女人所经历的却是非常真实的，她在舞台上的存在既是她当时的真实存在，也是此前长时间展示的、密集的形象拼贴的结果。在某种意义上，这个片段的感染力有多大，要看我们在多大程度上能够将女人看作一个真实的人，忍受着既是真实的也是隐喻意义上的磨砺。鲍什为我们提供了一个背景，要求我们关注她身体语言所表达的主体意识。她体现了，或者说具体化了形象的内在情感结构，因为这是通过她得到展现，通过她的身体在演出中的现实存在得到表达的。

很多人问，为什么在最后这个片段里，女人不说话，不采取行动制止男人对她的动手动脚。可是，假如她按照自由意志行事，反抗男人将她物化的手势，整个情形会发生变化，她的存在也会随之改变。她会重新获得自我，迫使我们按照新的规则去看待她，这些新规则会放我一马。假如女人行动起来，我可以将她看作充满活力的女性形象，能够掌控自己的人生，能够反抗她周围的将她物化的男性行为。在她对那些男人做出回应的时候，我可以为她喝彩，因为我不会像他

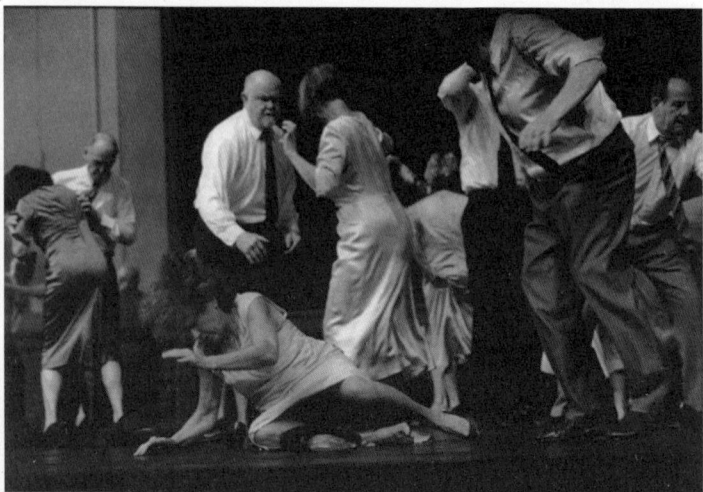

图 3.4 《交际场：65 岁以上男女的版本》（2000），琼-路易斯·费尔南德斯摄

们那样做。然而，她的纹丝不动，逆来顺受，另有一番含义。在这种情况下，她的身体既将她置于一个非常真实的时刻，也被用作隐喻的基础，超越眼下的具体情况，对更加广泛的现实作出批评。这又是一个女性在当今文化的困境的形象，女性要努力抗争，摆脱束缚她们的文化投影。她的抵抗是不言而喻的，但是她非常无助，无法行动，而我无法摆脱自己在这个时刻与舞台上的男人串通一气的感觉，无法躲避重新唤醒自己的必要，因为我可能不假思索地助长了将女性物化的文化。

鲍什清晰地表现出每位女性的身体暗中承载的虐待与压迫。女性未必经受特别的虐待，也会体现被物化的过程，她所处的文化环境包含虐待和压迫的过程，有主导性作用，而她的存在就是在这样的环境中构成的。一个女人独自在黑暗的大街上行走，或者进入男性主宰的工作场所，她不需要确切地被侵犯过。在这种背景下，被侵犯的可能性会入侵她的存在，从而改变她身体的存在感。假如我与她在同一条黑暗的大街上行走，不用做出侮辱人的举动，就能被看作一种威胁。对虐待与压迫的反应是习得的，并通过每个妇女在具体环境中的身体存在感表达出来。鲍什表明了女性身体所体现的虐待与压迫，唤醒了隐藏在女性身体存在中的实实在在的虐待。如前所述，这个过程还在继续，我们会忘却，然后又被重新唤醒。我想忘记这个虐待和物化的过程，忘记自己与这件事的牵连，但是鲍什不让我忘记。

舞台上的女子表现了安·戴利（Ann Daly）所说的，"女人未被倾听的愤怒"（Daly 1986：54），也表现了摆脱他人投影的欲望。假如她反抗对她的物化，她就会带给观众他们所希望的结局，在我们与她惺惺相惜的同时，我们与物化过程的密切关系和牵连感也就随之消失了。很多人觉得鲍什令人困惑，正是因为她不会轻易放过观众，而是留给我们悬而未决的局面，迫使我们面对自己的文化投影。我们不得不思考自己是如何卷入到眼前这个将女性物化的过程的，在间接意义上，我们又是如何卷入在生活中随处可见的、更加广泛的物化过程。鲍什让我们看到持续不断地纠缠着女性的隐性虐待，以及女性摆脱这种虐待的欲望。

贯穿整部作品的是将观众感受纳入演出的过程，除了这个具体的片段之外，在其他演出团体重演《交际场》的时候，我们也能特别强烈地感受到这个过程。剧团原创演员在演出《交际场》时，表现出极度渴望而又极度缺乏与他人的关联与沟通，新版本在表面细节上并没有对此作出改动。实际上，两个新的演出团体都能够惟妙惟肖地再现原作的细节，这是令人惊讶的，然而我们对作品的理解却大为改观。在老年演员身上，我们看到来之不易的决心和容忍，与原创版本所包含的主动推送不尽相同，我们因此调整了对欲望的构想；对于青少年演员而言，表现出来的是步入成年，过早进入成人世界的心境。年轻演员暴露了进入男女关系大卖场所产生的，通常是残酷的后果，揭示了这个大卖场对人的物化。而老年演员在貌似徒劳的追求中，依然孜孜不倦地寻找有意义的沟通。他们的追求带着凄美的色彩，这是原作中没有的。作品呈现在他们身上时，原作的年轻而有活力的内在含义被掩盖了，凄美的色彩更是显而易见。

至少对于我来说，青少年的演出还是提供了移情的空间。我在舞台上的演员身上看到年轻时的我，正如在观看剧团原创演出时，在与我年龄相仿的角色中看到自己。但是看老年人的演出时，我成了局外人。突然间，我觉得好像能够看到舞台上每个人都企图找回自己年轻时的风采。在正常的情况下，我会以一定的包容之心看待长者，这时我不得不对他们刮目相看。这就像看见我母亲在高中同学五十年聚会上，隔着时光的距离重现青春浪漫的活力，让被妻子和母亲角色掩盖多年的自我重放光芒，而我之前只会从妻子和母亲的角度去了解她。我不得不以他们新的身份去看待他们。这是布莱希特疏离感走向极致的时刻，透过作品成为我们与现实生活之间距离的一个重要隐喻。演员将自己在舞台上的实际存在与隐喻意义相结合，创造出舞台天地，而不是向我们讲述一些什么，或者给我们一个有人物的故事，让我们去理解并在离开剧场的时候不再放在心上。

我离开剧场，不知道如何去接近其他人，但是有一种要找到并握住同情之手的感觉。说到底，作品总体上是舞台形象的汇集，是鲍什的编舞将这些形象巧妙地交织编排起来，领着我从一个片段到另一个片段。鲍什的剧场里发生了一些变化，我觉得自己也变了。其他人未必会有同样的关联感，或者会故意逃避这种关联，但是对于我，对于世界各地越来越多的观众，鲍什创造了一个互动的环境。我对表演的看法改变了，与社会的关系更加深入了。

经历的考古学

回头再看《交际场》，这部作品引发了在鲍什艺术创作中举足轻重的转变：重新定义舞台上的形体存在感。演员在我们眼中不仅是被创作出来的人物或者移动的形体。鲍什舞台上的人本身就具有表现力，他们以形体方式存在于表演场地，而这个场地是由相互交错的隐喻形象构成的，这些形象就像梦一样，让情感的深层结构浮现出来。

在鲍什作品中，舞者的身体总是会比任何演员所做出的动作都要突出，由此形成的存在感，迫使我们不但看到动作，还看到人，看到人身上所体现的文化代码。越来越受到重视的是演员身体在舞台上的真实性，而不是演员努力去模仿的有关动作的抽象理想。更加重要的是，舞者所表演的形体姿态源自社会架构，我们的形象甚至自我意识都牢牢地套在这个架构里。作品从两个角度探讨身体与社会的关联：我们在社会结构中的定位，以及在定位范畴之外寻找某种真实定义的渴望。

在《交际场》里，舞者的身体展示是客观的，或者是引诱性伙伴的空洞姿势，或者是呈现给观众的素材。就在我们超越这个客观构成的同时，我们也意识到它对表演实践的深刻影响。我忐忑不安地离开了剧场，感觉自己参与了一场祭祀仪式。可能这是我第一次意识到，在一般的戏剧演出过程中，自我否定是意料之中的，演员或者要求我投入到他们对角色的刻画中（角色与演员本人是相分离的），或者在试图将动作作为重要表现形式的时候，抹去了他们的个人存在。而鲍什的期望是，观众要透过她所展示的自我表现中丧失人性的方面，找到戏剧化体验后面所隐藏的人为因素。尽管她的舞蹈演员全都技艺精湛，而他们在舞台上所创作的情节并不会让人瞩目于他们的技艺；尽管她的舞台世界也是经过精心打造的，但观众不会因此而弄假成真，因为她不允许观众因为精湛的演技或者因为舞台世界被创造得完整诱人而忘却了现实。

我们所看到的舞台形象被有意设计成开放式的。为了让演出呈现隐喻意义，我们必须回到自己的亲身经历，同时还要考虑到演员在舞台所创造的环境之外的经历。鲍什作品演出的过人之处在于，每个观众对演出的感觉和认识都会不断发生变化，从他们所看到的演出，到他们如何在个人层面与演出产生关联，再到他们如何将这些认识重新投入到观剧体验之中。舞蹈演员不是通过形体去再现体验，而是将身体体验带到现场。演员在舞台上的身体态度经过调整，为新的表演方式奠定了基础，创建了一种另类表演艺术，有别于幻景戏剧实践或者为动作而舞的抽象舞蹈。鲍什构建了贴近现实生活的个人体现空间，可以说是经历的考古学。

通过在经历体验的背景下探讨人的各种情感，鲍什得以利用独特的个性化片段，探索影响我们行为和生活方式的深层结构。《交际场》的基本情感是我们渴求沟通的体验，是我们在生活中受到沟通欲望的驱使，采取某种行为方式时所体验到的内在情感。

舞台世界是由形象构成的，但是形象不是精心打造的视觉片段，而是经历与体验的模式。例如，一对男女隔着宽阔的空间脱衣服这个形象，包含了欲望、冒险和脆弱的感觉。当然，我们从来没有做出过相同的举动，但是这个形象展现了我们在试图沟通时小心翼翼地袒露自己的过程。这个片段是独特的，但是这个独特性与重大主题相关，是一个隐喻，为我们在生活中某些特定时刻的感觉制作了一个浓缩版，系统地表达了我们的经历。我们带着移情感进入舞台上的片段，感受着那对男女的脆弱，并将其联系到自己的经历。脱衣服的男女没有向我们述说他们的欲望和脆弱，形象本身就是欲望与脆弱的化身。我们在舞台上看到的形象充满了其形成过程中的情感。

在《交际场》里，这些感情饱满的形象俯拾皆是，创造出笼罩着我们的基本情感。我没有去问作品的意义何在，而是被迫承认它做了什么。我所看到的形象有时是荒诞的，有时似乎毫无意义，但是它们被赋予的特性让人感到很有说服力。事件与形象在鲍什舞台上呈现，交织组合，让我原来的想法站不住脚。鲍什作品是有所作为的。

附：资料来源与演职员名单

所有引言与描写的来源，出自多次观看的《交际场》原创剧组 1985 年 10 月在 BAM 的演出，以及 2014 年 10 月同样是在 BAM 的演出，当时剧组中多数是新成员。我还使用了 1985 年演出的录像版本，现在这份录像资料保存在林肯表演艺术中心图书馆的舞蹈资料库。65 岁以上男女出演的作品是录像放映（Bausch 2007），安妮·林泽尔导演的电影《舞梦》记录了 14 岁左右的男女生排练、表演这部作品的过程。原创作品 1978 年 12 月 9 日在乌帕塔尔首演，演职员名单如下：

作品：皮娜·鲍什

音乐：查理·查普林（Charlie Chaplin），安东·卡拉斯(Anton Karas)，胡安·略萨斯(Juan Llossas)，尼诺·罗塔(Nino Rota)，让·西比留斯(Jean Sibelius)等

合作：罗尔夫·博尔济克(Rolf Borzik)，玛丽昂·奇托(Marion Cito)，汉斯·珀普(Hans Pop)

舞台与服装：罗尔夫·博尔济克

演　员：Arnaldo Alvarez, Gary Austin Crocker, Fernando Cortizo, Elizabeth Clarke, Josephine Anne Endicott, Lütz Forster, John Griffin, Silvia Kesselheim, Ed Kortlandt, Luis P. Layag, Maria DiLena, Beatrice Libonati, Anne Martin, Jan Minarik, Vivienne Newport, Arthur Rosenfeld, Monika Sagon, Heinz Samm, Meryl Tankard, Christian Trouillas.

操练

皮娜·鲍什刚开始编舞的时候，只是将其视作达到目标的手段，简单地为自己创作一点舞蹈。她的第一个作品以及其他早期作品，总的来说是根据自己的经历创作的，她的导师库尔特·尤斯向她传授了德国表现主义的精髓，师从安东尼·图德时，她又全身心投入有心理震撼力的芭蕾舞传统。鲍什还接触过其他方式方法，尤其是 20 世纪 60 年代初期，她在纽约目睹了生机勃勃的实验舞蹈与实验戏剧。可是她并没有打算创建一种新的表演方法，也没有特意去挑战或者进一步发展某种现有的方法，因此她从来没有致力于创建新技术、定义新的动作方式或者新的舞台表现形式。

随着剧团工作重心的转移，鲍什的侧重点变成了如何利用她和剧团演员在多种多样的戏剧舞蹈实践中获得的经验，处理新的素材。在创作新的表演作品时，她所采取的方法根植于耗时费力的排练和发展过程。鲍什的排练过程是不对外开放的，不过，她这样做不是因为想对自己的创作方法保密，而是为了给演员必要的安全感，使他们敢于承担失败的风险，这样才能在排练中独辟蹊径，推陈出新。

尽管如此，定义鲍什的工作方法还是有难度的，需要更多地从作品回溯，对潜在的建构路径进行必要的补充，看创作素材是如何得到合理安排的。当然，鲍什也曾经在访谈中多次谈到这个创作过程。如果将这两方面资料的各种因素综合起来，揭示创作新作品的工作方法还是有可能的。

鲍什没有为我们提供任何可以遵循的与众不同的练习或者表演技巧，可是她提供了一个基础，可以派生出比较具体的排练策略，为生成新素材和处理老作品服务。编舞方法通常是一个改编的过程。你从这里采纳一点，从那里选用一段，将其融合塑造，使之适应你的兴趣和特定背景。尤其是鲍什的创作，依靠的是从现有资源汲取灵感，而最重要的资源就是人。

在她自己的创作发展历程中，鲍什最重要的优势是时间和稳定的团队。时间可以容许她在无数次尝试新的舞台形象之后，进行整理归纳；她的剧团演员训练有素，而且很多都跟她在一起合作多年。我们大多数人没有这样奢侈的条件，不过探索鲍什的方法，依然可以为我们创作新作提供丰富的资源。

鲍什揭示了我们与基本理念和基本情感之间的关联，在这个过程中建立起她的演出实践。她充分利用剧团的经验，努力打好必要的基础，其中既有个人经验，也有专业经验。她的创意天才在于，能够以周围的人为资源，揭示出各种关联，并用这些关联构建出精巧细致、错综复杂的情感网络。

过程比结果更重要

鲍什在排练过程中颠覆了过程与结果的优先次序。她的精力不是集中在努力抵达终点，而在于抵达终点的过程：我们的看法是如何形成的，我们在日常生活中如何表达努力抵达终点的精神。演出反映了排练过程，就像排练反映了我们对社会的探索，为的是在社会意义上，找到我们在其中的位置。这种排练过程的结果是，观众可以在与演员和编导同样的基础上对作品进行探索。

将精力集中在过程而不是结果，产生了意义深远的影响，调整了鲍什作品起步的基础。芭蕾舞和现代舞的运作模式，基本上都是采用能够表达舞蹈家想法的某种形式，然后通过动作技术达到创作目标。技术与作品表达的信息相互独立，前者为后者服务。技术是规定好的，创作过程成为对技术的吸收利用，以便表达某种意义。戏剧创作也是一个相类似的过程，通常会利用剧本提供的基本结构，揭示作品的核心主题。剧本是导演和演员的工具，用于理解作品的内在思想。这两种过程的主要导向都是演出的最终结果。

然而，鲍什的创作起点以理念与情感为基础，无论这些理念与情感的来源是排练时提出的开放式问题，还是已经组织好的原始资料（创作过程依据这些原始资料逐渐形成）。探索过程一旦开始，便遵循自身的必然规律。这也是为什么这种创作方法会非常耗费时间，因为你可以永远做下去，总会在手头上的问题里发现一些新的要素。众所周知，鲍什会不断修改，直到甚至过了早就定好的首演之夜。尽管对她来说，截止日期时常是弹性的（这又是一个我们无法企望的奢侈），但是迫在眉睫的截止日期毕竟是一个非常强大的动力，有助于素材的生成和组织，其贡献至少与其他被带进排练场的资源一样重要。最后的结果并非无关紧要，只是被从其通常占据的顶峰位置挪走了而已。

这就是舞蹈剧场真正的创新：重新安排优先次序，不是从具有表现力的语言出发得出最终结果，而是对需要表达的内容进行提问，然后在排练中进入交锋与发现的过程。理查德·塞克斯（Richard Sikes）言简意赅地指出："鲍什对舞蹈的贡献是过程而不是结果。"（Sikes 1984：53）

因此，鲍什的创作没有为我们提供可以遵循的简易模式。想要解读鲍什的创作手法，必须步鲍什的后尘，走过一个严谨的过程。但是，这个过程必然会产生个人视角，因此创作会带有实践者自己的特点。在观看演出的时候，也会有个人独特的视角，你会将自己的生活带入作品，从自己的观点出发去看作品。鲍什因此而经常拒绝谈论她作品的内容。正如她所说的："每个人看到的作品是不同的。没有人能够看到我所看到的作品。我在排练的时候看到所有细节，而观众只看到一场演出。我无法解释我的所见所闻，要是我能够解释的话，你所理解的也是我，而不是作品。"（转引自Stendahl 1996：68—69）运用鲍什的创作流程，意味着去寻找属于你自己的，能够产生舞台效应的途径。你的收获也许会与鲍什的相似，也许会大相径庭，但是这在很大程度上取决于你是怎样的人，以及你所安身立命的世界。

作为成品的作品并不是一个我们为之努力的预先想好的目标，而是在制作过程中逐渐形成的，而这个过程是有目共睹的。因此在作品里面有各种妥协，有相互冲突的优先权，这些都成为作品结构不可或缺的一部分。重要的不是每一个元素是什么，而是这些元素如何建立起归属关系，将这些互不相干的元素合为一体的结缔组织是什么。在演出中，这个结缔组织来自排练过程。在排练开始时，提出了各种问题，受这些问题的启发，出现了很多貌似混乱的想法、理念、动作和形象，经过对各种变化的尝试，不断淘汰一些元素，作品从中脱颖而出。

舞蹈构建与剧场形象

顾名思义，舞蹈剧场是将舞蹈与戏剧合二为一的模式，但只是在演出中看到不止一种元素的存在，还不能成为舞蹈剧场。在一般的舞蹈／戏剧形式中，无论舞蹈与戏剧如何互不排斥地共存，两个组成部分依然有本质上的区别，各自带有一套自己的条件和预期，在任何一个时刻都可能得到满足或者受到挫败。舞蹈剧场所依靠的是一种形式对另外一种形式的影响和吸纳，充分利用两种形式的表现潜能，使两者融合为一个紧密结合的整体。

故事性芭蕾舞一向将舞蹈技术应用于戏剧的形式准则与结构标准，创造出戏剧化的舞蹈，戏剧与舞蹈的共存不是简单的并置，而是有更加密切的关系。鲍什和其他舞蹈剧场的拥护者把这个方案反过来，将戏剧创作的策略应用到本质上是舞蹈体系的形体参与和表现。鲍什从舞蹈构建和戏剧方法的准则出发，探索某个话题，让观众也参与到探索中。她不是用这些方法告诉观众什么道理，而是创造出一个开放性的隐喻，留给观众去完成。

鲍什揭示了舞蹈方法的核心所在，即动作的动机冲动，而冲动总是关乎一个在具体情形中的人。在排练中发掘出来的片段出自演员自身经历，以形体和戏剧的形式呈现，而作品的演出就是对这些片段的调动安排。

鲍什所面临的挑战和她的伟大发明，是找到一个途径，既能通过编舞准则构建作品，保持舞蹈的特性，又能结合戏剧技巧来表现个人的主观经历。表现元素被重新定向为真实事件里的真实人物。梅里尔·坦卡德（Mery Tankard）参加剧团试演时经历了提问环节，回忆起当时的反应，她是这样说的："这是第一次有编导鼓励我将自己的个性展现在舞台上，这个经历为我打开了一片新天地。其实，我并不反对穿着芭蕾舞鞋和短裙，扮作仙女一样的姑娘，但是这样一来，所有经典剧目突然都成了博物馆里的展品似的。"（转引自Galloway 1984：41）正是鲍什作品所揭示的这种主观经历——源自并通过演员的身体表现出来——成为舞蹈剧场的基础，为舞蹈与戏剧融合成舞蹈剧场提供了一个结合点。

除了利用演员具体的舞蹈或者戏剧训练之外，鲍什的创作流程还要求他们反思自己经历过的训练。舞蹈超越了呈现令人回味的复杂精细的动作，而戏剧则避开了在舞台上创造一个虚幻的世界，直接参与到演员的现场表现中。

当然，舞蹈训练很久以前就摆脱了纯动作的价值观（尽管这种价值观依然具有支配性的影响力，尤其是在美国），戏剧界也充满了对虚幻现实体系的挑战，但是鲍什的创作重新排列了整个创作过程，创造了一个存在于演员形体的具有存在感的世界。与传统戏剧和舞蹈模式相伴而生的，是对观众的期望，期望他们忽略演员在舞台上的现实存在，去看演员对人物和剧场虚构世界的投入，或者看舞蹈动作的潜在表现力。这些模式创造了缺席的存在感，要求我们看现实的人之外的，被创造出来的表现体系。鲍什在排练中创作出融入了真实存在感的戏剧形象，通过舞蹈准则构建这些形象，营造出充满形体存在感的剧场。下面的练习都是为了揭示演员与观众对作品的参与，展现鲍什艺术创作和鲍什作品的基本要素。

重设舞台存在感

鲍什的作品创造出具有现场存在感的世界，给观众直接的参与感，而不是根据构思好的时空概念创造一个再现的世界。这些初始练习的设计，是为互动和表演建立基础，帮助演员进入具有直接存在感的动态关系。

进入表演时空

下面的基础入门练习为建立时空中简单的存在感奠定基础，有助于强化开放式回应的概念，让演员相互之间找到互动和沟通的节点。一旦时空范围建立了，演员可以在下一步练习中，将唤起情感共鸣的形象置于这个范围之内。

练习1: 网格台步

♪ 在舞台上设置一个正方形，四个角之间的距离是八个轻松的步子。所有人分成四个人数差不多的小组，每个组从正方形的一个角出发。我发现开始时配上节奏分明的四拍子音乐会有帮助。四个组的第一个演员，踩着音乐节奏，各自从四个角落走进网格，行进线路如下: 1横向，2纵向，3对角线回到原位，4从网格另一边开始，纵向，5横向，6对角线回到原位。

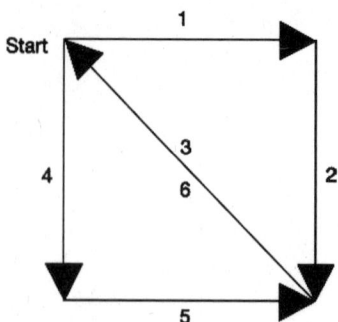

♪ 行程每一段应该是八步，保持八个步子的节奏，比准确地到达网格的某个点更加重要。对角线那段显然会比较长，演员要根据距离调整步子。对于从不同角落开始的人，只需要旋转图表，让出发点的位置对准他们那个角落。无论从哪个角落出发，线路是一样的：横向，纵向，对角线复位，然后从另一面重复。沿着既定线路走，台步简单直接。要保证演员保持节奏，维持基本结构。

建立起这样一个基本模式，能够给演员一个非常有用的结构，帮助他们形成对时间和空间的意识与回应。网格的参数设置有足够的多样性，让演员有所反应，同时也相当有限，可以让他们集中精神。一旦大家都适应了这个基本结构，就可以增添其他参数了。

练习1A：网格台步的延续

♪ 一旦基本结构建立起来，大家就可以自行进入或者退出网格空间，但总是在八个步子起步的时候开始，在八个步子结束的时候离开。演员需要将精力集中在动感空间的需求上，有空间需求的时候进入，感觉合适的时候离开。只要对网格中一组人的动态有所意识，就能够在表演空间产生活跃的张力。

♪ 保持简单台步，开始留意空间里的其他人——那些在一段时间里与你一起走的人，或者与你并排走的人。网格中心成为一个交汇点，你必须绕开其他人，才能沿着自己的路径走。在你感觉到动态张力的时候，可以与其他人建立起关系，但只能通过眼神或者面部表情。尽量让空间的局限产生互动的可能，而不是勉为其难地去制造机会。

给演员一个变数有限的结构，能让他们开始对时间与空间具体情况的微妙变化作出反应。练习的目的是创造开放的意识结构，可以在变数增加的时候，形成各种可能性。演员的反应针对的是活跃的表演空间中存在的各种情况，即便是在表演空间之外，他们也依然与这种积极的潜能保持着联系。

练习 1B：感应

♪ 基本意识到位了，演员就可以根据感应调整台步。依然跟随音乐节奏，但你可以在网格空间里以双倍节奏走或慢半拍走，也可以按小切分节奏走动。要注意不要变成仅仅是伴随音乐跳舞，你的台步要来自并且反馈到群体的动态。花一点时间留在正方形外围，观察表演空间里所形成的状况。感觉一下，在合适的时候重新加入表演。

运用类似网格台步的练习，形成舞台上的相互反应，其结果是表演风格的变化，从试图创造面向观众的表达语言，转变为创造一个邀请观众加入的行动空间。以前在观看戏剧和舞蹈时，面对这样一种表演状态，我会有所反应，但是对鲍什的创作进行分析之后，我明白了如何去实现这种状态。

鲍什作品里的演员创作了舞台形象，但他们始终处于现场参与的状态，让观众能够作出反应。他们不是在已经构建好的时空里创作出现场片段，而是更加直接地（通常是以形体方式）处于现场。

基本的网格结构为探索这种动态，建立动态中的意识提供了资源。你也可以做一些更加具体的与空间或者时间相关的练习，演员对他们如何在时空中存在的意识不断增强，你可以将这种意识再次带回网格之中，同时不断增加网格练习的各种参数。

练习 2：空间关系

♪　开始的时候分成三人小组，然后增加到五个人或者更多（单数有利于让小组里的人打成一片，避免相互结为舞伴，与舞台整体动态失去联系），让演员随意在空间里散开。想象你们之间的空气是一种流动物质，任何走向或者离开其他人的动作都会压缩或者扩展你们之间的空间。从简单的肢体动作开始，将注意力集中在与其他演员之间的空间上。

♪　演员习惯了人与人之间的空间张力时，可以让他们拓宽行动范围，相互之间聚拢，或者散开。要给自己反应的机会，一旦动起来，也要给对方一个机会，对小组里的新动态作出反应。经过主动加强对相互空间的认识，你对空间里不断变化的动态关系应对自如了，就可以在这个体系里更加流畅地活动，更加有力地改变空间状态，及时作出反应。将这种意识带回网格，以便形成空间动态中的反应。

练习 3：时间关系

♪　开始的时候，同样分成三人一组，小组里的人适应了时间

162

反应之后，可以逐渐增加人数。让演员在空间里走直线，遇到空间里其他人时，改变行走方向。站在表演区外拍一下手，演员全部站住不动，再拍一下手，他们又开始走动。静止以及再次开始行走时，演员要与小组里其他人保持动态合拍。让演员继续练习，自己找到应该静止的时刻，根据在小组里的感应，止步与起步。

♪ 一旦小组里的人能够找到这种时间感应，设法把它包含在不同的组合中，比如一个人止步可以让另外一个人停下来，而第三个人继续走动，或者小组正在行动中，其中一个人突然停下来。设想不同的动态，将关注点放在小组成员之间形成的流动关系上，关注这种关系如何因为不同的动态而得到改变。在网格反应元素中增加时间与静止的元素。

视点训练法根植于首创者玛丽·奥弗利的舞蹈实践，后来经过安·博加特、蒂娜·兰多（Tina Landau）和SITI剧团的进一步发展，为探索和运用表演中的时空意识提供了详尽的步骤。博加特和兰多拓展了奥弗利原创的视点训练法，形成了四个区别显著的时间视点（节奏、时长、动觉反应和重复）和五个空间视点（形状、手势、建筑结构、空间关系和地形地貌）。演员根据这些空间和时间要素，对个人行动，与他人的关系，以及整个小组的动态保持开放意识。在舞蹈或者戏剧（或者两者在剧场的组合）中，视点训练法可以为提升演员的现场参与感提供一个更加详尽的体系。不过即便是上面提到的简单练习，也会有助于演员增强意识，从现实经历入手，开始他们的创作。

演员对网格结构熟悉之后，你可以不断增加参数，包括更具挑战性的音乐。告诉演员既要让音乐进入他们的反应，又不能让音乐指挥他们的行动。变化的节奏，更加复杂的乐曲结构，以及音乐里的故事性，都能够为有音乐导向的反应提供条件。在排练过程中，鲍什会探讨各种各样的音乐，不但考虑到音乐的感觉，而且考虑到某一首歌曲可能包含的文化影响，以及演员如何能够随着音乐走，或者跟音乐对着干，产生不同的效果。网格结构提供了一种实验的方法，看不同的音乐如何在舞台上产生不同的状态。

与观众的关系

鲍什很多作品都在探索如何直接与观众建立关系。在剧场里，坐在黑暗中的是所谓没有个性特征的观众，舞台上是请观众投入的虚拟世界，然而，在《交际场》这样的作品里，仅仅是开场时演员带有挑衅性的凝视，就足以打破观众与舞台世界之间的屏障。演出让我们意识到表演空间的真实性，也让我们经常意识到自己在整场演出中的角色，哪怕只是我们眼前情景的目击者或窥视者。下面这些简单练习是为帮助演员针对观众作出反应而设计的。

练习 4：存在感

♪ 这个练习最好在一个比较大的空间里进行，最好是在剧院里，有专门指定的观众区。让一组演员在舞台后面的尽头排成一行，面向后墙，背对观众。运用外围感觉，步调一致地慢步倒走，边走边逐渐抬起手臂，顺着身体向上伸展，踮起脚尖。运用在前面练习中形成的空间意识，注意力集中在你们与观众之间渐渐压缩的空间。走动的时候，让空间意识的能量支撑你举起的手臂。到达舞台另一端之时，全身应该完全伸展绷直。

（安排一个提词员，确保演员不会从舞台边缘掉下去。）

♪ 停下脚步的时候，全体一起转身，依然踮着脚尖，手臂举过头部。然后放下脚跟，渐渐放下手臂，直视观众。想象你与观众之间激活了的空间，继续保持这种意识，将有所指向的能量，带入上面的空间或者时间练习。

在练习中观众成为演员意识体系中的一个因素，不断进行这样的练习，有助于演员填充观众与表演之间的空间。观众与表演之间的隐形界限被穿透了，观众与演出之间得以进行更直接的沟通。

练习5：互动

♪ 两个演员隔着一定距离站立，保持目光接触。要尽量感觉相互之间的空间，来回走动，探索空间的动态张力。一旦双方建立起某种联系，一个演员做出一个姿势和面部表情，表现某种特别的感情，尝试将这种感情穿越空间传递给对方。愤怒和蔑视比爱与温情更加容易传递，尝试各种不同的感情，来回切换，看看效果如何。

♪ 下一步，让一个人进入表演空间，做出与上面相似的感情姿态，这一次尝试向观众表达与他们的联系。记住，这不是打哑谜，因此你们所面临的挑战，是依靠激活空间，创造动态关联，而不是做些什么让观众去理解。第一个人做出动态感情姿态之后，其他人加入进来，小组不断扩大，大家都努力与观众达成动态关联。

传统戏剧表演练习通常用各种方法保持演员之间感情充

沛的现场感，但是观众一般都是从旁观看；舞蹈演员则与舞伴或者一组演员一起练习，建立舞者相互之间的关系以及时空关系，但他们通常是与观众绝缘的。像"接触即兴"这样的训练方法，完全专注于建立演员之间的亲密关系，其所作所为都是演员之间的事，完全不受观众的影响。而一场鲍什作品的演出，会通过各种方法建立演员与观众的关系。有时，他们会在现实的意义上，真正打破舞台／观众分界线：给观众端茶送水；走下舞台，跟前排观众分享家庭照；甚至用一组手势向全体观众发出指令，最后引导观众相互拥抱。但是，除了这些明显的互动之外，演员与观众还有更加含蓄的直接关系，表现在我们如何被纳入演出片段的时空里，以及演出如何不断逾越演员与观众之间的分界线。

基本要素

即使演员构建的是一个表演角色，他们也是作为真实的人参与演出的，鲍什的表演实践就是以这些真实的人为基本建筑模块创作出来的。这些人通过自己的经历，形成戏剧形象和动作 / 形体构建。为了在个性化基础上建立演出实践，鲍什提出问题，演员可以自由选择回答问题的方式：语言、表演形象，或者一个动作短语。每一个回答都是个性化的，来自个人的技巧、能力、经历和经验。

提　问

正如我们在第二章所看到的，鲍什经常说，从以技术为依据的排练过程到更加开放式的探索，这之间的转折来自提问。演员对问题的回应，也许是故事或者表演片段，但是不管是故事还是表演片段，鲍什所看重的，以及能够产生可用的演出素材的，是演员与问题提示之间的关系。鲍什提出的问题，针对每个作品的核心情感或者核心概念，是作品创作过程的基础，但是这些问题往往会迂回地接近核心。事实上，往往是在提问和回答问题的过程中，真正的内在趋势才开始浮现出来。

在早期作品里，鲍什在很大程度上从演员自身的过往经历获取素材，比如他们的童年记忆，或者他们在爱与哀伤方面可能会有的独特经历。在艺术生涯最后二十年里，鲍什集中创作了驻场城市主题的作品，这些作品的创作地点是现成的创作基础，然而，一旦对某个地方的感觉开始出现，问题可能会变得更加有针对性，更加接近个人的经历体验。以《唯有你》（1996）为例，作品以剧团在美国西部的驻留为依据，剧组成员在洛杉矶的经历中，不断发现炫耀和虚饰的形象之后，鲍什要求他们想一下，他们在自己的生活里被展示给别人看的时候，是怎么样的。在创作能够触动人性的隐喻形象时，鲍什聚焦个人经历，同时也挖掘伴随这些经历的潜在感情结构。提出的问题可能有一定的个人倾向，但是所产生的形象起了揭示个人经历基本结构的作用，因此带有一定的普遍性。舞台上的演出片段为集体经历的内在景观提供了一个切入口。

《1980——皮娜·鲍什的一部作品》的主题是哀伤惆怅，这至少部分来源于对情人罗尔夫·博尔济克离世所作出的反应。鲍什采用的是已经用过很多次的形式，她既着意于这些形式所表现的通常令人不安的表面价值，也着意于其隐喻意义与更大主题范围的关联。演出有这样一幕，一个女人独自面对一群挤在一起的人。这群人静静地站了一会儿，看着被排斥在群体之外的这个女人，在这一刻，"外人"的概念简单有力地得到了表达。然后，人们逐一从群体中走出来，站在这个女人对面，语调平淡地对她重复一些陈腐的告别话，然后绕个圈儿，回到群体中：

"再见，祝你成功。"

"可惜你这么快就要走了，衷心祝福你。"

"别忘了我们，我们会想你的。"

"什么？你要走了吗！噢，再待五分钟吧。不行吗？好吧，那就这样吧。"

"亲爱的，太可惜了，还没到时间吧，是不是？好吧，祝你好运。再见。"

"再见，我送你到门口吧。代我问候你的家人。一切都会好起来的。"

"能与你相会真是太好了。保重。"

所有人都跟她道别之后，大家一起向女人挥手告别，她一直没有动静。演员随后散开，进入另外一个舞台形象。这个场景在第二幕重复出现，跟第一幕的表演一模一样，但是没有台词。

演出探讨了告别的文化构建，发现了这些情景中所隐含的惆怅与彷徨的真相，同时也暴露了告别情景的虚假做作。这个片段的来源是一个简单的问题。排练时提出的问题是，你与他人告别的时候是什么情景。演员在应答时想到的回答或者舞句，都显得无关痛痒，但是在演出的时候，这些回答和舞句被置于一定的意境中，令惆怅感显而易见。告别的举动被赋予隐喻意义，即便这些举动产生于剧团成员之间的特定语境，也还是可以联系到我们普遍经历过的那些惆怅彷徨的时刻。

探索爱情之类的感情，是足以令人却步的。一个简单的问题"你对爱情的体验是什么"，也许会让人滔滔不绝，说出各种想法，也许会让人哑口无言，因为对这个问题做出可能的应答难度很大。在形成作品主旨的一些特定时刻，提出有针对性的问题，有助于揭示每个演员个体感受的基本结构。例如，问他们在什么时候发现自己处于惊恐的一刻，或者有突如其来的爱的冲动，或者担心自己的生命安全，将问题与直接行动联系在一起，有助于激发回应。一旦这些个人经历摆在桌面上了，你就可以通过一系列更加深入的问题和活动来探讨相关的想法，揭示感情的基本结构，并以此作为创作舞台形象的素材。我在这里提供一个例子，从对一个直接经历的设问开始，然后通过各种手段探讨这个经历的各个方面，当然任何其他提示都可以启动这个过程。

练习6：接触问题本质

描述爱的关系里出现危机的时刻。可以是浪漫关系里的转折，与父母、兄弟或者姐妹闹别扭，或者在任何感情比较密切的关系里突然爆发的愤怒。要确保你所描述的这个时刻是具体的。

1. 将你要描述的那一刻写下来，读给其他人听。

2. 让另外一个人朗读你的故事。

3. 两人一组，想象自己处在那一刻，重新创作这个时刻的形体结构，再现你在这个时刻实际上做了些什么。调换位置，你来重新创作对方的故事。

4. 将你的故事与其他小组的两人的形体结构结合起来，反之亦然。

一旦开始这样深入探索一个简单的问题，你就可以用很多方法将其拆卸，然后再用各种组合将其合在一起。尝试以不同的态度表演这个片段，从面无表情到充满激情。这样一个情感强烈的片段，暴露了我们是如何相互建立关系的，任何一个人的故事都会让我们从深层结构看到爱与亲密关系是如何运作的，我们在这些关系里是如何发挥作用的。

重新配置一段经历，以不同形式呈现出来，还能揭示一个形象的基本结构，使本来可能是个人的经历展示出更具普遍意义的姿态。在《巴勒莫，巴勒莫》里，纳萨雷特·帕纳德罗（Nazareth Panadero）胸有成竹地大步走上舞台，腋下夹着一束意大利面。她直视观众，很强势地说："这是我的意大利面。全是我的。你们一点儿都得不到，我一点儿都不会给你们，我的，全是我的。"她举起一根面条，说道："看见这个了吧？我的。还有这个？也是我的。我一点儿都不会给你们，你们一点儿都得不到。我的，全是我的。"她用这种方式表演了好一会儿，直到她对意大利面的所有权再无争议。她让意大利面有了意义和目的。这是一个滑稽的片段，但是她对所有权的主张有点绝望的感觉。

帕纳德罗所创作的这个形象出自她在巴勒莫的亲身经历，她看到那些年长的妇女有一种当家做主的感觉，不管是对家庭、房子还是对这个城市本身，她们都是忠心耿耿的。帕纳德罗在作品开始的时候表演了这个片段，然后我们就看不到这个"人物"再出场了。一个形象展现之后，演员往往转向其他形象和其他"人物"，创作出构成整个作品的错综复杂的元素拼贴。但是作品演到后面，多米尼克·默西沉着冷静地走上舞台，腋下夹着一束意大利面。他带着狡黠的笑脸，看着观众，轻轻抽出一根意大利面，把它折断。他一边横跨舞台走着，一边不断重复这个动作，而且一直看着我们，将我们牵连进他的这段表演。帕纳德罗对意大利面表现出强有力的占有权，这使默西的举动显得极端暴力，而我们都被卷入这个暴力行为里。默西这个形象的出处，是一个简单的有关个人经历的问题，这个问题被提炼出精髓，赋予特殊的舞台存在，然后再经过重新配置，在延续帕纳德罗形象的基础上，产生了一个新形象，深化了作品所创作的错综复杂的意义。下面我又提供了一个利用这种提示或者问题进行创作的例子。在实践中，用不同的问题，可以产生各种各样的表演素材。

练习 7：重新配置

♪ 让演员在排练的时候带上一个自视珍贵的物件，一样简单的东西，因为有一定的历史而产生了特殊意义，然后让他们向其他人讲述这件东西的故事。

♪ 有了几个故事做素材之后，设置各种简单互动的即兴场景，互动目的是做成某件事：约会的时候勾引对方；让别人不要打扰你；说服别人买东西，等等。故事成为你的文本，或者物件本身可以成为促成某件事的工具。不要将事情复杂化，不要勉强，要让故事或者某个物件为你做成这件事。表演的时候心里记住那个人的故事。

重新配置有关个人的片段，无论是一段经历，一段关系，还是一个物件，目的是揭示这件事的动机冲动，搞清楚为什么这件事对这个演员会这么重要。将注意力集中在这个基本结构，会使各种个人关系具有普遍性，使观众能够做出开放性的解读，因为此时他们能够将自己的经历带入演出的情景之中。

在排练中提出的问题，可能会为舞台形象的形成创造条件，而这往往是看你如何面对回答问题的挑战。存疑是另外一个策略，看看不同的演员如何对待相关概念，可以将某种经历置于剧团这样一个特定群体中，为其提供更加宽泛的结构。

练习 8：身体的故事

♪　你怎样用身体承载自己的历史？表演给其他人看。你可以从描述开始，说说有些经历是如何成为你身体的一部分，说的时候要让故事影响你的身体，让你的形体存在参与到叙述中。

问题从叙述经历的提示，变成动作的提示，自然会产生表演形象和片段，通过隐喻触及某个概念的底层结构。对具体问题的解答，往往取决于排练场里在这个节点上的固有元素。要求演员在回应的时候深思熟虑，可以成为一种途径，将排练场里已有的活力加以合并，产生比较具体的表演形象。

形象创作

在作品资源的基本色调形成的过程中，只要创造条件让演员提出自己的想法和理念，就能产生源源不断的素材。我通常会将早期排练的最后半小时留作"展示与讲述"时间。演员、舞美设计、作者，或者任何在排练场的人，都可以带一些东西来给大家看。展示与讲述的可以是一些简单的东西，比方说一首他们觉得可能合适的歌曲，或者一段文字。不过，随着排练过程的深入，作品情感的底层结构开始浮现，剧组成员也可能会想出一个表演片段，供演出之用。这个策略至少会让排练场里始终活跃着一系列形象和想法。如果作品衍生于一个特别的依据，这些活动可以用来展示对当下主题研究的成果。

排练场里有了素材之后，我们要面临的困难是想方设法将素材纳入整体创作，然后是耗时费力的素材编辑阶段，要搭建一个结构，让各种素材凝聚在一起。第一步是加工原材料，形成比较具体的，可以成为作品组成部分的表演形象。鲍什也会将这些表演形象与以动作为依据的要素整合起来。我在这里提供几个创作形象与动作的范例，这些范例直接关系到鲍什的创作方法。但是，正如鲍什在创作中全面借鉴她自己和演员在戏剧和舞蹈方面的经验（这其中舞蹈经验是最基本的），我们在新作品的创作中，也应该借鉴排练场里所有人的经验，在开发新素材的时候利用手头上的一切资源。

练习9：完整表达一种情感

♪　尽量简单地具体表达一种情感。不是将情感表现给我看，而是帮助我去感觉。你如何用一个表演形象承载失落、欲望、希望或者绝望？这个形象应该有发生的时间，即不是一个"快照"，而是一个片段；不是用一组事件来讲故事，而是对所提到的情感进行个性化召唤。创作一旦开始，要考虑完成、丰满以及支撑这个形象需要些什么。演员根据需要，愿意一个人、两个人或者一组人一起做都可以。

排练《华尔兹舞》（1982）的时候，鲍什向剧组提出一个问题：在自然历史博物馆里看一个展品，你有什么感觉？

在博物馆里，你可以看见他们收藏动物的地方，那是些填充动物模型。你可以看到那些动物是怎么被保存起来的，怎么站在那儿。如果是昆虫，他们是怎么把昆虫固定在标本架上，好让大家参观。一位剧团成员问：您想让我们用语言描述吗？鲍什答道，不，我想你们做出来，或者对别人做。有时候当它们正被展览或者固定在标本架上，还会有一点写实主义的东西。动物世界里的一点小东西。一小片草地或者其他什么东西。我的意思是，看这些动物就那么摆在那儿的时候，感觉是不同的，好像没什么问题。可是，假如你知道它是被用大头针固定在标本架上的，你对此就有了一个真正意义上的认识。一枚大头针带来某种不同的感觉，因为你知道针扎是疼的。大概就是这样吧，很简单。

(*Was Tun Pina Bausch und Ihrer Tänzer in Wuppertal?* 1983)

鲍什在这里所追求的，是在自然历史博物馆里看这些东西时那种特殊的不适感。然而，她不是简单地让大家将经历表现出来，而是让他们尽量将感受重新创作出来。其实，舞台形象不一定是那件事的直接表现。几个剧团演员试图把一个人固定在墙上，对这件事加以重新创作，鲍什打断他们说，不是这样的，太直白了，这样做把感觉告诉我们了，但没有把感觉传递给我们。这样做是解说，而不是唤起情感。舞台形象并不表示或者直接指向一个特别的状况，而是试图捕捉伴随某种经历的情感模式，然后以个性化手法表现出来，通过一个情感连接物，与深层结构结合起来。我们所回应的是这个连接物，其意义何在看你问的是谁，因此不能简化为某种特别的解读。鲍什尝试去做的，不是制作出某种经历，让我们看了之后说："噢，我明白了，这就像自然历史博物馆里的动物。"因为那样的话，你要不就是明白了，要不就不明白，但是无论如何，一旦这个关系建立起来，舞台形象就大功告成了。她试图做的是以含蓄的方式重新捕捉这个经历，然后不做结论，让作为旁观者的我们根据自己的选择去建立联想。感觉与更大的目标相关，而形象就是感觉。

练习 10：取自神话
♪ 以神话故事为依据，创作一个完整的表演形象。着眼于神话的本质，而不是讲故事。揭示神话的基本情感，找出在舞台上唤起这种情感的方法。要做得有趣。将意境考虑进去，想想如何增加表演的风险，考虑制作细节、观众的角色。有了基本思想之后，如何使它更加发自内心，更有感觉，更加让人投入，更加有意思？不使用语言，除非是诗意而不是直白的。整个小品应该是一个形象，30秒钟就差不多了，不要超过两分钟。浓缩、组织、成形、投入，然后呈现。

　　神话通常是复杂情感结构具体化的形象。以西西弗斯的神话为例，一个男人推岩石上山的故事不是那么重要，重要的是伴随这个故事的情感结构。努力奋斗、坚持不懈、徒劳无功，这一切组合起来，浓缩到一定程度，成为一个典型的形象。我们知道这种感觉，现在可以将其简称为"西西弗斯式的"。"西西弗斯"是包含了某种经历的隐喻，而我们这个练习要求演员创作一个新的表演隐喻，能够捕捉手头上神话故事的本质。这一类舞台形象本质上是对鲍什许多作品的进一步浓缩，从故事性歌剧，为结构复杂的作品创作出新的表演隐喻，如《奥菲欧与欧律狄刻》，到以概念为基础的作品，最后到驻场作品，重塑某个地方的情感结构。但是，创作一个简单的形象，能迫使演员倚重具体的戏剧要素：在时空中的人体，与其他人的互动，现实存在感，更大的风险，等等。

练习 11：摆布他人

♪ 两人一组，每个人根据日常规律，设计出一组简单的形体行为。可以是准备上床睡觉，或者早上冲／煮咖啡。难度比较大，但可能更加有意思的是，准备打一个让你为难的电话，对坏消息作出回应，等等。当你能够表演这些动作之后，让另一个人领着你过一遍动作，摆布你的身体，好像你是原尺寸的人体模型。

　　不能作用于自己的身体，不再掌管自己的行动，而是让别人领着做动作，这个时候，人会发生一些变化。当然，这种练习方法要求两个演员在一定程度上相互配合，被摆布的人可能看上去是没有生命的，其实是在配合完成动作。这样创作出来的形象，将观众的注意力集中在动作本身的各种要素上，而不是这些要素象征着什么。鲍什的很多作品里都有一些小片段，一个人替另外一个人做动作，伴随动作的情感在周围环境中反映出来。

创作动作

　　由于鲍什的主要背景是舞蹈，很多人会希望从她的作品中得到产生动作的创意。动作策略对鲍什的创作是极为重要的，启动提示很自然地来源于演员在舞蹈实践方面丰富的背景。尤其是在比较近期的作品里，以形象为驱动的问题之间，经常会穿插以动作为中心的提示。她可能会让演员用舞蹈跳出自己的名字，或者带来一首喜欢的歌曲，创作一段配乐舞蹈。更加具体的片段策略通常出自在下一节详细介绍的手势动作，但是鲍什有表现主义舞蹈背景，尤其是有与库尔特·尤斯一起工作的经历，她也从中采纳了一些比较基本的以动作为依据的结构。

练习 12：回应他人

♪ 两人一组，面对面站立，一个人发起动作。动作应该是简单的，但要出自与对方相关的某种冲动：转头、向对方伸出手、走到空间的另外一个地方，等等。另一个人领会第一个动作，用动作加以回应。回应即可，尽量不要刻意设计你的动作。两个人之间以交替动作形成一个对话，大约四个动作之后停下来，重复正在形成的舞句，然后继续下去。应该逐步建立起可重复的动作系列，因此，必要时可以不断重复，让动作系列始终活跃在你们身体中。

♪ 继续按照这个方法练习，但要让动作相互交错，缩短行动与回应之间的时间，直到各自动作都变得流畅。让动作产生互动，触碰另一个人，抓对方的手臂，等等，然后根据你们创作的对话的具体需求，退后或者分开。不断发展的舞句，比最开始的动作更加重要，因此，如果需要采取一些行动，创作更加流畅或者动态感更强的系列，尽管去做。

练习 13：去掉另一个人

♪ 如练习 12 所描述，建立一段双人回应舞句。将另一个人去掉，做成一段独舞的舞句。尝试两个人分开，各自跳一段独舞，然后重复，最后两段独舞连贯成原来创作的双人舞句。接触点从何而来？尝试音乐伴奏。在舞段重复和连接的不同节点加入音乐。

像这样的对话舞句，可以在很多不同参数上操作，创作独舞和双人舞。你可以从两人关系的一个简单情感开始（爱、恐惧、攻击，等等）或者想象他们是一般的或者特殊的关系（母女关系，罗密欧与朱丽叶，等等）。动作源自直接回应，会唤起更加基本的情感结构。适应了这个层次上的回应，在对某个特定概念或者感情状态作出回应的时候，就可以从自己内心找到回应。

练习 14：手势连接路径

♪　根据某个特定的感情，创作一个情感手势。让手势在你身体上移动，从表现的起点，到身体的另外一部分，再到另外一部分，等等。将从身体一部分到另一部分的一系列表达方式，合成流畅、可重复的系列动作。你可以按照这个形式不断积累，在同样的基本情感基础上，找到新的表现方式，跟着这些表现方式经过你身体的路径走。你也可以对基本情感基础进行发展，创作出变化的表现路径。比如说，从欲望到需要到迫切需求，这会对你的动作产生什么影响？从相关联的一组手势中找到另外一种情感状态，不断在形体表现中增加基本要素。

这一类练习的设计是为了从情感状态中产生动作，根据这些情感发挥作用的大多数情况，达到一定的复杂程度。对情感状态的形体回应，发自简单动作中被普遍接受的基础，但是通过扩展会呈现更加完整的意图。这种做法源自 20 世纪20年代表现主义舞蹈实践，鲍什利用表现主义舞蹈的资源创作出各种类型的作品，从早期的大型集体作品，例如影响深远的《春之祭》（1975），到最近比较个性化的作品，例如《天地》（*Ten Chi*，2004）和《满月》（*Vollmund*，2006）。

寻找动作情节

在鲍什舞台上的表演，往往会有非常多的形体动作，但是这些动作未必来自安排好的动作形式。她为动作开辟表演空间，通过各种策略让处于剧情中的形体存在感融入表演。在形象与动作的相互关系中，手势成为有效工具，显示出两者如何既源自个人情感，又反映普遍的内在情感结构。鲍什作品及其创作流程提供了一个动态体系，在发展中的新作品里纳入形体语言，或者在已有的戏剧场景中为人物创建一个形体基础。

手　势

鲍什对手势的运用源自德国表现主义舞蹈，同时结合了表现主义和史诗戏剧实践中存在已久的手势行为传统。手势的内涵大于一个简单的动作，已经成为一个完整的情节，通常会有内在含义。这种形式的手势必然带来戏剧潜能，是按照贝托尔特·布莱希特的"手势概念"（*Gestus*）进行操作的。在德语里，*Geste* 可以简单定义为"手势"，而 *Gestus* 则包含了更加丰富饱满的情绪，更加充分地表达了动作的含义，这个词还可以用于动作之外，当某件事物在被描写的时候，

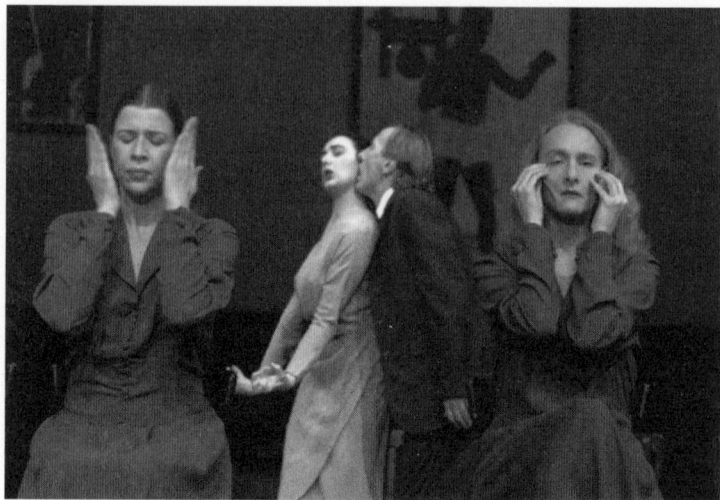

图 4.1 《手风琴》（1980）中的手势，贝蒂娜·施特贝摄

带上了情绪，也可以用这个词。另外一个德语单词 *Gebärde*经常会用来描写表演中以比较完整的情节呈现的手势，甚至可以用来描写行为表现的方式或者举止。鲍什表演实践中的手势，带有这种更加广泛的意义，既有行为表现，也有情感表现。

如前所述，视点训练法将手势作为一个参数来运用，分别在两条线上展开：行为手势与情感手势（源自德语 *Ausdrucksgebärde*，即表现手势）。行为手势就是我们在日常生活中所做的，如用手捋头发，双手扭在一起等。情感手势有感情状态的完整含义，以相对抽象的方式向我们展示某种情感，比如将手放在心上等。

行为手势可能也会透露真情，尤其是像鲍什所做的那样，将典型的男性或者女性手势进行情景重构，但是其目的未必是表现行为者的意图。情感手势带有潜在想法的能量，通常会赋予这些想法可感知的形式，帮助我们感觉，而不是直接理解演员的意图。

有些情感手势已经成为习惯性的了，比如将双手放在心窝上。一个简单的动作直截了当地就能被理解，是有一定道理的，因此习惯性手势可以是很好的工具，只要你注意不要停留在手势的表面意义上，仅仅用它来传递具体的想法，而是用它来揭示更深层次的意图。如果你深究习惯性手势，找到这个行为背后的动机冲动，手势的力量便可以得到利用。

练习 15：基本状态

♪　确定你正在研究的作品的关键词，让每个演员以这些关键词为依据，为每一个词想出一个手势。站成一圈，每个演员都把自己第一个关键词的手势教给其他人，直到每个人都能做出来。按照四个拍子编排手势，可能会有利于他人学习与复制。每个人都学会之后，按照顺序表演，创作一个手势序列。可以重新安排圈子里的人，以便比较流畅地从序列里的一个手势转换到另一个手势。播放音乐，提供一个四拍子结构，在圈子里过一遍手势序列。

鲍什经常会在表演中融入这种手势序列。有些时候，这些序列是以行为手势为依据的，然后一组演员在跟随音乐节奏走动的时候，整齐划一地进行表演。这是一个简单易行的方法，可以创建与素材表达基础相关的动作模式。由于手势是演员们自己想出来的，不会出现能不能做出这些形体动作的问题。无论他们受过什么样的训练，这都是在他们力所能及的范围内。

练习 16：手势对话

♪ 建立了一个手势序列之后，重新考虑每个手势，创作一个手势对话。两个人一起练习，各人创作即兴手势，作为与对方建立关系的手段。一个人做手势之后，另一个人接着做另外一个手势。跟用语言对话一样，重要的不是手势是否做得准确，而是做手势的调子对不对。手势低调地做，或者高调地做，意味着什么？想象有一个内置的音量调节旋钮，可以改变手势的表达和强度，尝试调到二档或者八档展开对话。让对话起主导作用，让手势适应对话变化的需要。表演对话的时候播放音乐，有助于引导这个练习，音乐还可以提供一个很好的结构，便于组合手势练习。

有些手势会因为好用而在对话中不断出现，还有一些则因为演员在特定情境中没有想起来而消失。假如手势不容易记住，就顺其自然吧。这个练习的特点是，你总是会想出大量手势，因此可以保留有用的，让其他的自然消失。开始的时候，两人一组表演，剧组其他人观看，这样有助于掌握对情节的感觉，还有机会停下来，讨论一下怎样做比较好，怎样做会感觉不合适。每个人都有机会操练这些手势之后，练习可以进展到更多人参与的开放式会话，大家都能同时参与。

以这种方式做手势练习，往往需要作出一些调整，让手势与演员之间形成的情境相适应。有时演员会不愿意放弃表演手势的"正确"方法，但是要鼓励他们随着情境变换，按照需要进行调整。我发现，使动作适应自己，或者为了与别人一起做而改变动作，这对舞蹈演员来说尤其困难，因为他们的职业训练就是正确做好形体动作，而话剧演员则有粗心草率的倾向，原来的手势在表演中会失去表现的潜能。在自由发挥和结构控制之间找到平衡，可以为他们提供一个稳定的基础。

练习 17：互动手势

♪ 剧组能够轻松做好对话手势练习之后，让演员以对方为对象，调整手势（这种情形可能在手势对话中已经出现）。当手势成为两个演员之间直接的连接点时，会发生什么变化？在对话发展过程中，通过个人手势与互动手势的结合，拓宽两个人物之间的互动范围，要让互动手势改变对话。

鲍什经常与演员一起创作一些简单的手势表达，但是演员之间相互做这些手势的方式，会创作出寓意更加深刻的表达式隐喻。以第一章描述过的《蓝胡子》里的一个形象为例。

一个女人蹲在桌子后面，扮演蓝胡子公爵的男人坐在桌旁，冷漠地看着观众。我们看见女人的手伸上来，温柔地顺着男人的身体向脸部挪动，就在她准备温柔地抚摸他时，男人粗暴地将女人的头摁下去，女人从观众视线里消失，男人的目光依然盯着远处的目标。过了一会儿，我们又看到女人的手，情节重复一遍，还是以女人被粗暴地摁倒在地告终。我们再次看到手伸出来，整套动作重复了好几次，越来越快，直到女人终于停下来，让男人继续面无表情地看着观众。静止片刻，我们又看到手伸出来，而且再次被野蛮拒绝。

在这段表演里，本来很简单的温柔手势和粗暴回绝得到了扩展，重复让我们对形象有了新的认识（对重复手段的具体论述，见练习19有关形式变化的说明）。以他人为对象做手势表演的方式，定义了两人之间的关系，并在隐喻意义上明确了手势与重大主题之间的关系。这个形象对我们有强烈的感染力，部分地是因为在那个女人身上所发生的事情是真实的。尽管我们知道情节经过细心编排，最大限度减少了对女人造成伤害的危险，但是男人是如此暴力，每次看到女人被摁到地上，我们还是会哆嗦一下。是互动将我们带入作品的世界里。一旦这些手势形象到位了，在作品里对这些手势所做的进一步利用或者发展，都会成为一种手势语言，剧中人物可以运用，观众也熟悉。练习中出现的手势范围很广，出自不同的动态层次，可以是个人行为，也可以有互动因素，深入探讨这些手势之后，我们可以通过各种组合，自由运用由此而产生的手势语言。尝试一下完全用手势创作一个场景，或者将手势应用于一部戏里现有的场景。

鲍什作品经常会采用产生于动机冲动的扩展性手势语言。以《热情马祖卡》（1998）为例，这部作品以剧团在里斯本的短暂居留为创作依据，作品构建的基本要素是他们在当地的经历。在创作中，他们的经历被转换成表达沟通和炽热互动的形体手势。拥抱开放的关系，而且往往是开放的性关系，这种感觉在整部作品里通过手势语言不断增强，最后演变成一个欢聚的现场，演员用纸板制作了一个"爱的小屋"，在 B-52s 乐队的同名歌曲伴奏下，性感地翩然起舞。

练习 18：手势关系

♪ 两人一组，创作一个由四个手势组成的序列，要让人联想到两个人之间的关系。注意甲方做出的第一个手势，如何引出乙方的下一个手势，然后甲方如何回应，等等。完成了四个手势的序列之后，设法在最后一个手势让对方返回第一个手势，达到重复这个序列的目的。

　　鲍什在创作中不断回到这种手势关系，运用各种各样的操作技巧，揭示内在含义。在《穆勒咖啡馆》里，玛洛·艾劳多（Malou Airaudo）与多米尼克·默西建立起情人关系（貌似因为某种境遇而不能结合）。作品中的某一刻，两个人相遇，慢慢抬起手臂准备拥抱。扬·米纳里克上场，轻轻从默西身上将艾劳多的双手挪开，然后将默西的手从艾劳多身上拿开，将他们俩的脸摆在一起，做静止的亲吻状。然后米纳里克抬起默西的手臂，弯曲胳膊肘，形成 90 度的弯度。他把艾劳多一只胳膊抬起来搂着默西，将她举起来，放在默西的手臂里，让她软绵绵地仰身躺在默西的臂弯里。米纳里克走下场，默西慢慢地让艾劳多滑到地上，她跳起来，以这一幕开始时的同样姿势拥抱默西。正在走下场的米纳里克听到动静，慢慢走回来，有条不紊地按照原来的顺序重复刚才的动作，重新摆布这对情侣，恢复到他离开时的姿势。他再次转身准备离去，艾劳多落在地上，回到拥抱的姿势，米纳里克回来，情侣再度被摆布好，米纳里克走开，艾劳多落地，如此周而复始。

这段戏几经重复，随着这幕戏的进展，节奏越来越快。最后，米纳里克一走了之，情侣继续重复这段戏的动作，不断加速，节奏几近疯狂，然后相互拥抱停下来，我们可以听到累得气喘吁吁的沉重呼吸。艾劳多缓慢地将身体移开，继续在房间里的走动，默西慢慢走下场。这对情侣在作品其他场合相遇了几次，每次都重复同样的动作系列，然后朝各自的方向走开。

这些人物之间的关系是通过四个互动手势表达出来的：拥抱、亲吻、女人躺在男人臂弯、女人落在地上。看到这个序列，我联想到《罗密欧与朱丽叶》，情人的拥抱受外界力量的作用，变成了死亡的拥抱，即使外界力量的影响被消除了，行为模式已经定型，只能继续沿着不可逆转的道路走下去。

舞台形象的具体所指并不重要，表现出来的结果是两个人对沟通的追求，通过操纵表演中形成序列的关系手势，他们的追求一目了然。这个手势模式有助于为舞台形象创造出意境，虽然手势模式本身也要靠这个意境加强表达的力度。这个模式源自渗透整部作品的基本运行状态，与作品结构交织在一起，成为作品整体效果的一部分。

变换形式

鲍什最有力的工具也是最简单的：形式变化。舞台形象或者手势序列形成之后，鲍什会尝试各种变化。但她并不是简单地通过加快或者放慢某个动作的速度、重复这个动作等，来创作一个新方法，而是要看形式变换导致什么结果，如何从其他方面揭示构成作品动机冲动的基本条件。重复是一个惯性模式，节奏加速能够将一个温和形象转化为暴力形象。变化了的形象成为作品之中唤起情感的新要点。

练习 19：形式变化

♪　建立起上面所说的手势序列或者关系之后，你可以用简单的形式变化对其作进一步发展。将情节中一个特定要素分离出来，根据下面的参数尝试不同的做法。

♪　距离

尝试从远距离重复一个手势序列或者手势关系。想象另外一个人就在你跟前，尽管这个人是在房间的另一头。序列重复过程中，你们可以渐渐相互走近，最后在中间位置相遇；或者一个人朝另外一个站着不动的人走去，最终走到一起，原来各自独立的手势变成互动手势。

♪　速度

做与上面同样的练习，动作速度从慢到快，或者从快到慢。尝试不同的时间结构，一个人快速，而另外一个缓速，或者两人交汇的时候，一个从慢到快，另一个从快到慢。

♪　强度

尝试以不同强度完成手势序列，或者不同的人以不同的强度行动，比方说一个人总是投入十分强度，而另外一个则投入两分强度。

♪　重复

为一个特定的手势或者手势序列找出不同的重复方式。充分利用重复所允许的变化，改变序列以适应在重复时所产生的情感表达。

改变一个手势序列的形式约束，迫使你从不同的角度对其加以审视，往往会揭示出表情达意的新层面。鲍什经常运用这些变化组合来创造新的舞台效应。前面描述过的拥抱序列，在不断加速的过程中，使一个本来是温柔的形象变成了绝望的条件反射。同样的，在第三章描述过的《交际场》的一个片段里，演员隔着舞台相互做手势，然后男人慢慢朝女人挪动过去，直到压在女人身上，沟通的尝试变成了张牙舞爪的攻击，这个形象建立在简单的距离和强度变化之上。

前面描述过的《蓝胡子》的例子，采用重复手法揭示内在含义。形象表达从同情与残忍的一刻，转化为不间断的残忍行为，以及面对残忍，依然执着地谋求沟通的欲望。这个片段也从蓝胡子公爵与公爵夫人之间带个人色彩的斗争，转化为开放的关系，涉及可能与我们有关的所有徒劳与执着的时刻。通过对内在冲动的关注，手势变成了一个隐喻。互动手势对话只有两个无限重复的单词，这恰恰可以让我们感受自己在生活的某些时候所陷入的一些行为模式。在形象开始呈现出其内在意义可能产生的结果时，演员作为剧中人物被归入动作之中，迷失在动作中，既与他人失去联系，也无法躲避。这不是线性故事中的一个时刻，而是整体基本情感结构的一个表达。

组织编排

　　鲍什作品的感觉既来自她对现场感的重新定位，也来自作品的结构。通过对舞台上各种要素的选择、布置或者编排，创造出一个拼贴结构，展示了作品的内在情感。鲍什所有作品都是情节组合，以一个中心思想或者中心情感为基础，创建出各种形象密集交错的路径。鲍什作品不是在讲述有结局的线性故事，而是采用一个研究探索和保持张力的松散结构，将各种元素编织在一起，成为一个整体。有时编织是相当松散的，但细看之下，就会显现织物的大体纹理。作品巧妙地将相类似的元素并列交织在一起，因为作品的焦点与内在情感结构相关，而内在情感结构就是动机冲动的基础。这样，作品让我们理解一个观念，而不是将这个观念告诉我们，我们参与到情感过程中，而不是观看某种情感或者观念的展示。

　　每一部作品的构建都是为了揭示情感，而不是表达用意。鲍什用以产生惊人效果的探索性结构是一种蒙太奇结构。不同的场景通过开放式的相关点连接在一起，不需要情节或者始终如一的人物来使观众跟上演出。这就允许观众在作品中找到属于个人的切入点，然后从产生了作品总体效果的错综复杂、重叠交错的形象和动作中退出。组合在一起的剧情细节，围绕一个特定情感，形成一个有参照价值的领域。你置身于这个结构中，从自己的有利位置去探讨它。在黑暗的剧场里，你不是坐在座位上被动地接受信息，鲍什的结构要求积极的参与，你要主动察觉你与作品内在情感的关联。

鲍什所建立的是感知体系。我们的收获不仅仅是依次出现的形象对作品内在结构说了些什么，还有这些形象如何相互感染，相互影响，创作出交织的感觉。形象交织发生在作品演出的进程中，也出现在一些同步发生的舞台表演中。各种形象的出现是对其他形象的回应，有时相互重叠，有时各自分开。由此生成的作品有丰富的质感，我们不能将其作为表现意义的实例装入脑海。作品更多地是被感知而不是被认知。鲍什在排练的第一天提出一个问题，作品就是对问题的解答，承载着为发现答案所做的所有寻觅与研究。

叙事，或者故事，成为一个参与过程，往往来自密集的形象，以及形象组合的方式。很难描述这方面的具体练习，因为建构的过程是作品总体创作的一部分，要利用在排练中生成的各种要素，这在创作流程的后期显得更加重要。然而，我们可以讨论一些一般性策略以及如何运用这些策略。

练习 20：分层

♪ 为作品可能涉及的各种要素列出清单。假如你在创作一个新作品，可以从驱动作品的基本观点入手；假如你以特别的原始资料为依据，针对在考虑中的作品，列出对其中情感有所回应的资源。想一下这个作品的世界里可能会有什么物品，什么音乐，任何文本或者故事，其他媒体，相关的图画或者形象，各种列表或者纪实资料，等等。在排练中形成各种形象的时候，你可以将这些形象加入你的清单，对作品的每一个要素进行分类。

♪ 要素清单列出来之后，从各个类别抽出一些要素，尝试将它们放在一起，产生一个有层次的舞台形象。简单的做法是尝试将一首歌与某个形象放在一起，但是你也可以增加越来越多的层次，形成在舞台上能够唤起情感的片段。同时考虑一下将表面上互不相关的东西放在一起；两个不同情节同时出现，也会产生很好的张力效应。

练习 21：错位

♪ 选择一个在排练环境中产生的表演形象，将其完全脱离原有的环境，或者将其置于一个全新的环境。例如，把一段感情中产生的动作舞句或者若干关键词，用在作品中完全不同的片段里，作为与其他人发生关系的手段。

♪ 花点时间，让原来的片段与新环境产生摩擦，然后利用由此产生的摩擦力，改变原始资料及其被带入其中的新环境。

对素材进行这一类加工，最重要的是倾听作品的声音。我们很容易受到原来环境的局限，因为看不到已经形成的片段的潜力，而无法将其扩展到作品的其他范围。对任何一个特定片段唤起情感的潜力，鲍什都保持清醒的认识，因而能够在最大程度上发掘每一个想法和每一位演员的潜力。例如，在前面描述过的意大利面片段，多米尼克·默西能够重新调整原创形象的本来意图，用来延伸整个作品的状态，同时也没有削弱最初那个片段的表演力度。

练习 22：加大密度

♪ 将在排练中创作的两个片段合并在一起。不要简单地将一个片段叠加在另一个片段上面，想一想有些什么事情会让一个形象接纳另一个形象，以至于两个形象都得到改变，成为与两者相关，但又有自己的意图与潜力的第三个形象。

在作品《呼吸》（Nefes，2003）里，一个矮小的印第安女子上场，表演了一段复杂的手势动作舞句，其中既有西方现代舞技巧元素，也有传统印第安舞的元素。鲍什将两种唤起情感的结构合二而一，创作出一个内容丰富的形象，在作品中有着重要分量。她跳完之后，一个男人上场，背对观众坐在椅子上，要求女子再跳一遍。女子表示异议，但是男人坚持，于是我们和他一起，看着她重复一遍同样的动作舞句。男人的意思很清楚：她现在的独舞是为他（也是为我们）而跳，于是我们观看的角度不一样了。舞蹈的动作非常优美，在某种程度上我也很高兴有机会再看一遍这段独舞，但是那个男人让我意识到，我跟他一样也在利用舞者，我因此而感到有点内疚。当然，原来那段舞也是为我而跳的，呈现出来，让我领会，并从中得到一些什么——享受？意义？——得到什么其实不要紧，重要的是我将自己置于受众的位置，期望舞蹈能够给我带来些什么。现在，创作与接受的过程清晰地展现在眼前，我不得不质疑自己与演出的关系了。这个质疑出自作品本身的结构，这个特定时刻建立在分层、移位和加大密度组合在一起的效应上。

最后，创作出丰富素材之后，你可以建立一个体系，将演员对舞台空间和相互之间的开放意识与各种界定这部作品的要素汇集在一起。演员现在有各种资源，可以帮助他们进一步充实舞台世界，让他们在作品范围内放开手脚进行创作，产生新的素材。

练习 23：自由发挥

♪　排练接近结束的阶段，把到目前为止将要进入作品的所有资料收集起来。让演员将作品的组成部分过一遍，为熟悉的成分寻找新的并列关系。取出作品里任何一段音乐，换一个跟原来不一样的顺序播放。把道具放在方便的地方，让演员可以随时拿来用。对作品里的所有文本，演员都可以采用任意方式加以利用。要保证有足够的时间参与到不断形成的世界里，留出时间走到一边进行观察，一直保持清醒认识，看这个正在形成的世界需要什么，你如何添砖加瓦，或者后退一步，顺其自然。

这个时候，倾听至关重要，在工作中要留意观察，正在形成的舞台世界有什么需要，可以随时投入。作品的基本要素会对舞台世界有决定性影响，但是此时演员可以不受约束地，以一种不同的方式在这个世界里活动。他们有很多资源可以利用，但是也可以在现有资源的范围内，以更加自由的方式做出各种尝试，萌生新发现。我经常主动为演出做音乐主持，尝试以音乐为手段推动表演，回应正在形成的场景。我还会把便笺和笔放在一旁，要求演员花点时间，将他们看见的有意思的事情写下来。通常，演员接受这种即兴创作需要一定的时间，但是一旦接受了，就会有非同寻常的结果。即使产生了很好的形象或者片段之后，还应该继续下去。预料中的各种回应都考虑到了，演员开始放松，经过自由发挥，你可能发现他们会在一个新的层面上投入到创作中。

在作品创作的世界里，给演员自由发挥的机会，即使没有挖掘出新的舞台形象，在回到按照你的清晰表述，已经建构好的演出世界时，他们也会有新的自由自在的感觉，进而以更大的热情投入到作品中去。作品恢复了现场感，你能够重新发现在排练中创作这些片段时的动机冲动。

将这种开放意识和开放式回应带入演出，会造成身临其境的感觉。第一次观看鲍什作品时，我所感受到的最大区别是，参演的人在时空现实中，有充满戏剧感的形体存在感，演员与观众建立起关系，剧情结构带着我们进入舞台世界。手势和回应为舞台存在提供了形体依据，舞台存在成为演员实际的时间与空间。在人物表现或者相互连贯的动作中，他们必然是全身心投入不断形成的每一刻，而不是将自己折射到被创作出来的他者感觉中。作品结构的作用是揭示这种存在感，而不是通过线性叙述将我们带到某个预期的结局。我们被置身于一个按照自己的时空概念发生的行动中。在鲍什的舞台上，正是这种实实在在发生了什么的感觉，拓宽了舞蹈实践范围，使其不仅仅是为动作而动作，还为戏剧提供了体验的形体基础。追随这个过程，就是汲取鲍什在表演本质方面的教诲。

参考文献

Adolphe, Jean-Marc. 2007. "Corpus Pina Bausch." *Pina Bausch*. Heidelberg: Editions Braus, 9–24.

Aloff, Mindy. 1987. "Two Continents: Two Approaches to Dance." *BAM Next Wave Festival Souvenir Program*, 64–73.

"Bausch, Pina." 1986. *Current Biography*. September: 3–6.

Bausch, Pina. 1975. "Choreografin Pina Bausch über ihre Arbeit." Interview with Edmund Gleede. *Ballett-Jahrbuch des Friedrich Verlags*.

—— 1978. "Not How People Move but What Moves Them." Interview with Jochen Schmidt, 9 November. In *Pina Bausch Wuppertal Dance Theater or the Art of Training a Goldfish*. Cologne: Ballett-Bühnen-Verlag, 1984: 227–30.

—— 1982a. "My Pieces Grow From the Inside Out." Interview with Jochen Schmidt, 26 November. In *Pina Bausch Wuppertal Dance Theater or the Art of Training a Goldfish*. Cologne: Ballett-Bühnen-Verlag, 1984: 234–37.

—— 1982b. "The Things We Discover for Ourselves Are the Most Important." Interview with Jochen Schmidt, 21 April. In *Pina Bausch Wuppertal Dance Theater or the Art of Training a Goldfish*. Cologne: Ballett-Bühnen-Verlag, 1984: 231–33.

—— 1983a. "I'm Still Inquisitive." Interview with Jochen Schmidt, 23 December. In *Pina Bausch Wuppertal Dance Theater or the Art of Training a Goldfish*. Cologne: Ballett-BühnenVerlag, 1984: 238–39.

—— 1983b. "Pina Bausch: an Interview by Jochen Schmidt." *Ballett Interna-tional*. Vol. 6, no. 2. February: 12–15.

—— 1985. " 'I Pick My Dancers as People' Pina Bausch

Discusses Her Work With Wuppertal Dance Theatre." Interview with Glenn Loney. *On the Next Wave*. October: 14–19.

—— 1989. "The Evolution of Pina Bausch." Interview with Sylvie de Nussac. *World Press Review: Le Monde*. October: 91.

—— 1992. "Come Dance with Me." Inteview with Nadine Meisner. *Dance and Dancers*. Sept/Oct: 12–16.

—— 1994. "Gespräch mit Pina Bausch im Goethe-Institut Paris." Interview with Dr. Ros. Transcription by Susanne Marten. Goethe Institut, Paris.

—— 1995. " 'You Have to Keep Totally Alert, Sensitive, Receptive': Pina Bausch Talks with Norbert Servos." *Ballett International/Tanz Aktuell*. December: 36–39.

—— 1998. "Zu extrem, um nachahmen zu können." Unlisted Interviewer. *GI-Intern*. 3: 19–21.

—— 1999. "Every Day a Discovery..." Interview with Christopher Bowen. *Stagebill: Cal Performances*. October: 10C–11A.

—— 2004a. "Ich glaube nur, was ich gesehen habe." Interview with Ulrich Deuter, Andresas Wilink. *K. West*. October: 5–10.

—— 2004b. "Pina Bausch über Lust." Interview with Eva-Elisabeth Fischer. *Süddeutsche Zeitung*. Nr. 223, 25/26 September: 8–12.

—— 2007. " 'Man weiß gar nict, wo die Phantasie einen hintreibt': Ein Gespräch mit Pina Bausch gefürt von Jean-Mark Adolfe." *Pina Bausch*. Heidelberg: Editions Braus, 25–39.

—— 2007. *Kontakthof with Ladies and Gentlemen over "65": A piece by Pina Bausch and Tanztheater Wuppertal*. Paris: L'Arche. DVD included. 149 minutes.

—— 2008. *Orpheus und Eurydike: Dance-Opera by Pina Bausch*. Performed by Ballet de l'Opera national de Paris. Paris: BelAir Classiques. DVD included. 104 minutes.

—— 2012. *Le Sacre du Printemps: Chorégraphie Pina Bausch*. Paris: L'Arche. DVD included. 37 minutes.

—— 2012. *Walzer: A Piece by Pina Bausch and Tanztheater Wuppetal*. Paris: L'Arche. DVD included. 56 minutes.

—— 2014. *Ahnen: Rehearsal Fragments*. Paris: L'Arche. DVD

included. 78 minutes.

—— 2016. *Renate Wandert Aus: Operetta von Pina Bausch*. Paris: L'Arche. DVD included. 164 minutes.

Baxman, Inge. 1990. "Dance Theatre: Rebellion of the Body, Theatre of Images and an Inquiry into the Sense of the Senses." *Ballett International*. Vol. 13, no. 10. January: 55–60.

Bentivoglio, Leonetta. 1985. "Dance of the Present, Art of the Future." *Ballett International*. Vol. 8, no. 12. December: 24–28.

Bentivoglio, Leonetta and Francesco Carbone. 2007. *Pina Bausch oder Die Kunst über Nelken zu tanzen*. Frankfurt am Main: Suhrkamp.

Blom, Lynne Anne, and L. Tarin Chaplin. 1982. *The Intimate Act of Choreography*. Pittsburgh: University of Pittsburgh Press.

Bowen, Christopher. 1999. "Pina Wears the Pants." *The Times*. January 19:C1–2. Borzik, Rolf. 1980. *Rolf Borzik und das Tanztheater*. Wuppertal: Tanztheater Wuppertal Pina Bausch GmbH.

Breslauer, Jan. 1996. "Open-Eyed in L.A." *Los Angeles Times*. March 17: 3–4.

Buchwald, Karlheinz. 2007. "If I Tried Concentrating on Getting My Arm Right, Then My Feet Went Wrong." *Kontakthof with Ladies and Gentlemen over "65."* Paris: L'Arche: 30–35.

Chamier, Ille. 1979. *Setz Dich Hin und Lächle: Tanztheater von Pina Bausch*. Cologne: Prometh.

Climenhaga, Royd. 1997. "Pina Bausch, Tanztheater Wuppertal in a Newly Commissioned Piece: *Nur Du (Only You)*." *TPQ*. July: 288–98.

—— ed. 2013. *The Pina Bausch Sourcebook: The Making of Tanztheater*. London: Routledge.

—— 2014. "Bausch's American Legacy." *Inheriting Dance: An Invitation from Pina*. Eds. Marc Wagenbach and the Pina Bausch Foundation, Wuppertal: Transcript Verlag: 115–122.

—— 2015. "A Theater of Bodily Presence: Pina Bausch and Tanztheater Wuppertal." *The Oxford Handbook of Dance and Theater*. Ed. Nadine George. Oxford: Oxford UP: 213–235.

—— 2018. "Chapter 2: Imagistic Structures in the Work of

Pina Bausch." *The Great Stage Directors: Volume 8 – Pina Bausch, Romeo Castellucci, Jan Fabre.* Ed. Luk Van den Dries and Timmy De Laet. Series Editor, Simon Shepherd. Brussels: Methuen: 75–119.

Cody, Gabrielle. 1999. "Woman, Man, Dog, Tree: Two Decades of Intimate and Monumental Bodies in Pina Bausch's Tanztheater." *TDR.* August:115–31.

Copeland, Roger and Marshall Cohen. 1983. *What is Dance?* Oxford: Oxford University Press.

Daly, Ann, ed. 1986. "Tanztheater: The Thrill of the Lynch Mob or the Rage of Woman?" *TDR.* Spring: 46–56.

——— 1996. "Pina Bausch Goes West to Prospect for Imagery." *New York Times.* September 22: 10–20.

Dancing Dreams: Pina Bausch. Film. Dir. Anne Linsel and Rainer Hoffman. First Run Features, 2010. 89 minutes.

Delahaye, Guy. 2007. *Pina Bausch.* Heidelberg: Editions Braus.

Dixon, Michael Bigelow and Joel A. Smith, eds. 1995. *Anne Bogart: Viewpoints.* Lyme, NH: Smith and Kraus.

Fernandes, Ciane. 2001. *Pina Bausch and the Wuppertal Dance Theater: The Aesthetics of Repetition and Transformation.* New York: Peter Lang Publishing.

Finkel, Anita. 1991. "Gunsmoke." *The New Dance Review.* Vol. 4, no. 2. October–December: 3–10.

Fischer, Eva Elizabeth. 1998. "Reflections of the Times: The Inter-and Multimedia of Tanztheater." *Tanztheater Today: Thirty Years of German Dance.* Exhibition Catalogue. Seelze/Hanover: Kallmeyeresche, in association with Ballett International/Tanz Aktuell.

Foreman, Richard. 1995. "From Unbalancing Acts (1992)." *Twentieth Century Theatre: A Sourcebook.* Ed. Richard Drain. London: Routledge, 68–74.

Galloway, David. 1984. "The Stage as Crossroads: Germany's Pina Bausch." *In Performance.* Vol 13, no. 6. March/April: 39–42.

Hoffman, Eva. 1994. "Pina Bausch: Catching Intuitions on the Wing." *New York Times.* September 11: H, Section 2, 12.

Hoghe, Raimond. 1980. "The Theatre of Pina Bausch." *The Drama Review*. Trans. Stephen Tree. T-85: 63–74.

—— 2016. *Bandoneon: Working with Pina Bausch*. Trans. Penny Black. London: Oberon Books.

Kaufmann, Ursula. 1998. *Nur Du: Ursula Kaufmann Fotografiert Pina Bausch und das Tanztheater Wuppertal*. Wuppertal: Verlag Müller und Busmann.

—— 2002. *Ursula Kaufmann Fotografiert Pina Bausch und das Tanztheater Wuppertal*. Wuppertal: Verlag Müller und Busmann.

—— 2005. *Getanzte Augenblicke: Ursula Kaufmann Fotografiert Pina Bausch und das Tanztheater Wuppertal*. Wuppertal: Verlag Müller und Busmann.

Kerkhoven, Marianne van. 1991. "The Weight of Time." *Ballett International*. Vol. 14, no. 2. February: 63–68.

Kirchman, Kay. 1994. "The Totality of the Body: An Essay on Pina Bausch's Aesthetic." *Ballett International/Tanz Aktuell*. May: 37–43.

Klemola, Timo. 1991. "Dance and Embodiment." *Ballett International*. Vol. 14, no. 1. January: 71–80.

Klett, Renate. 1984. "In Rehearsal with Pina Bausch." *Heresies*. Vol. 5, no. 1: 13–16.

Koegler, Hörst. 1979. "Tanztheater Wuppertal." *Dance Magazine*. February: 51–58.

Kozel, Susan. 1993/4. "Bausch and Phenomenology." *Dance Now*. Vol. 2, no. 4. Winter: 49–54.

Lawson, Valerie. 2000. "Pina, Queen of the Deep." *Sydney Morning Herald*. July 17: 18–19.

Lehman, Hans-Thies. 2009. *Postdramatic Theatre*. Trans. Karen Jürs-Munby. London: Routledge.

Lelli, Sylvia. 1999. *Körper und Raum: Pina Bausch, Reinhild Hoffmann, Susanne Linke, William Forsythe, 1979–1999*. Wuppertal: Verlag Müller und Busmann.

Mackrell, Judith. 1999. "The Agony and the Ecstasy." *Guardian*. January 21: C1.

Manning, Susan Allene. 1986. "An American Perspective on Tanztheater." *TDR*. Spring: 57–79.

—— 1993. *Ecstasy and the Demon: Feminism and Nationalism in the Dances of Mary Wigman.* Berkeley: University of California Press.

Manning, Susan and Melissa Benson. 1986. "Interrupted Continuities: Modern Dance in Germany." *TDR.* Spring: 30–45.

Manuel, Diane. 1999. "German Choreographer Pina Bausch in Rehearsal." News Release. Palo Alto, CA: Stanford University, October 20.

Meisner, Nadine. 1992. "Come Dance With Me." *Dance and Dancers.* Sept/Oct: 12–16.

Müller, Hedwig and Norbert Servos. 1986. "Expressionism? 'Ausdruckstanz' and the New Dance Theatre in Germany." *Festival International de Nouvelle Danse, Montreal, Souvenir Program.* Trans. Michael Vensky-Stalling, 10–15.

Murray, Simon and John Keefe. 2015. *Physical Theatres: A Critical Introduction.* 2nd ed. London: Routledge.

Partsch-Bergsohn, Isa. 1987. "Dance Theatre from Rudolph Laban to Pina Bausch." *Dance Theatre Journal.* October: 37–39.

Partsch-Bergsohn, Isa and Harold Bergsohn. 2003. *The Makers of Modern Dance in Germany: Rudolf Laban, Mary Wigman, Kurt Jooss.* Hightstown, NJ: Princeton Book Company.

Pina Bausch: In Search of Dance. Documentary Film.

Pina Bausch: One Day Pina Asked ... Documentary Film. Dir. Chantal Ackerman. Bravo International Films, 1984. 40 minutes.

Pina: Dance, Dance, Otherwise We are Lost. Film. Dir. Wim Wenders. The Criterion Collection, 2013. 103 minutes.

Regitz, Hartmut. 1998. "Beyond the Mainstream: Everything Else You Find in Tanztheater." *Tanztheater Today: Thirty Years of German Dance.* Exhibition Catalogue. Seelze/Hanover: Kallmeyeresche, in association with Ballett International/Tanz Aktuell.

Robertson, Allen. 1984. "Close Encounters: Pina Bausch's Radical Tanztheater is a World Where Art and Life are Inextricably Interwoven." *Ballet News.* Vol. 5, no. 12. June: 10–14.

Schlicher, Susanne. 1987. *Tanztheater.* Reinbek bei Hamburg: Rowohlts.

—— 1993. "The West German Dance Theatre: Paths from the Twenties to the Present." *Choreography and Dance.* Vol. 3, part 2: 25–43.

Schmidt, Jochen. 1984. "Pina Bausch: A Constant Annoyance." In *Pina Bausch Wuppertal Dance Theater or the Art of Training a Goldfish.* Cologne: Ballett-Bühnen-Verlag, 13–16.

—— 1985. "Pina Bausch and the New German Tanztheater: Movement from the Inside Out." *Festival des Nouvelle Danse, Montreal, Souvenir Program*, 59–65.

—— 1990. "The Wuppertal Choreographer Pina Bausch – The Mother Courage of Modern Dance – Turns Fifty." *Ballett International.* Vol. 13, no. 6–7. June/July: 40–43.

—— 1994. "From Isadora to Pina: The Renewal of the Human Image in Dance." *Ballett International/Tanz Aktuell.* May: 34–36.

—— 1998. "Learning What Moves People: Thirty Years of Tanztheater in Germany." *Tanztheater Today: Thirty Years of German Dance.* Exhibition Catalogue. Seelze/Hanover: Kallmeyeresche, in association with Ballett International/Tanz Aktuell.

Schulze-Reuber, Rika. 2005. *Das Tanztheater Pina Bausch: Speigel der Gesellschaft,* with photographs by Jochen Viehoff. Frankfurt am Main: R.G. Fischer.

The Search for Dance: Pina Bauch's Theatre with a Difference. Documentary Video. Script Direction, Patricia Corboud. Bonn: Inter Nationes, 1994. 28 min.

Servos, Norbert. 1981. "The Emancipation of Dance: Pina Bausch and the Wuppertal Dance Theater." Trans. Peter Harris and Pia Kleber. *Modern Drama.* Vol. 22, no. 4: 435–47.

—— 1984. *Pina Bausch Wuppertal Dance Theater or the Art of Training a Goldfish.* Cologne: Ballett-Bühnen-Verlag.

—— 1985. "On the Seduction of Angels." *Ballett International.* Vol. 8, no. 12. December: 72–76.

—— 1996. *Pina Bausch – Wuppertaler Tanztheater oder die Kunst, einen Goldfisch zu Dressieren.* Kallmeyer: Seelze – Velber.

—— 2003. *Pina Bausch: Tanztheater.* Photographs by Gert Weigelt. Munich: K. Kieser.

Sikes, Richard. 1984. " 'But is it Dance...?' " *Dance Magazine.* June: 50–53. Smith, Amanda. 1984. "New York City." *Dance Magazine.* September: 35–37.

Sörgel, Sabine. 2015. *Dance and the Body in Western Theatre: 1948 to the Present.* London: Palgrave.

States, Berto. 1985. *Great Reckonings in Little Rooms: On the Phenomenology of the Theater.* Berkeley, CA: University of California Press.

—— 1988. *The Rhetoric of Dreams.* Ithaca, NY: Cornell University Press.

—— 1993. *Dreams and Storytelling.* Ithaca, NY: Cornell University Press.

Stendahl, Renate. 1996. "Pioneer Dance." *San Francisco Focus.* October: 66–70.

Tanzland Nordrhein-Westfalen. 1999. Special promotional publication. Cologne: Ministry of Employment, Social Issues and City Development, Culture and Sports of the State of North Rhine Westphalia Office of Public Affairs in association with the NRW State Office for Dance.

"Tanztheater." 1989. Unpublished transcript, October 28. Sp. Lincoln Center Library for the Performing Arts, New York. Participants: Reinhild Hoffmann, Susanne Linke, Susan Manning, Susanne Schlicher, Marcia Siegle. Moderated by Madeline Nichols.

Tanztheater Today: Thirty Years of German Dance. 1998. Exhibition Catalogue. Seelze/Hanover: Kallmeyeresche, in association with Ballett International/Tanz Aktuell.

"Thoughts on the Creation of Nur Du and Bausch's World." 1996. *The University of Texas College of Fine Arts Performing Arts Center Program*, Pina Bausch Tanztheater Wuppertal – Bass Concert Hall, 22 October.

Viehof, Jochen. 2000. *Pina Bausch: Ein Fest.* Wuppertal: Verlag Müller und Busmann.

Wagenbach, Marc, and the Pina Bausch Foundation, eds. 2014. *Inheriting Dance: An Invitation from Pina.* Wuppertal: Transcript Verlag.

Warren, Larry. 1991. *Anna Sokolow: The Rebellious Spirit.* Princeton: Dance Horizons.

Was Tun Pina Bausch und Ihrer Tänzer in Wuppertal? Videocassette. Dir. Klaus Wildenhahn. Inter Nationes, 1983. 60 minutes.

Wehle, Philippa. 1984. "Pina Bausch's Tanztheater – A Place of Difficult Encounter." *Women and Performance.* Vol. 1, no. 2. Winter: 25–36.

"What the Critics Say." 1986. *TDR.* Spring: 80–84.

Wigman, Mary. 1975. "Creation." *The Mary Wigman Book: Her Writings.* Ed. And trans. by Walter Sorell. Middleton, CT: Wesleyan University Press, 85–96.

Williams, Faynia. 1997. "Working with Pina Bausch: A Conversation with Tanztheater Wuppertal." *TheatreForum.* Winter/Spring: 74–78.

我思，我读，我在
Cogito, Lego, Sum